Frank A. Meyer **Es wird eine Rebellion geben**

Frank A. Meyer

Es wird eine Rebellion geben

Was unsere Demokratie jetzt braucht

Gespräche mit Jakob Augstein

orell füssli Verlag

2. Auflage 2015

Umschlaggestaltung: Hauptmann & Kompanie Werbeagentur, Zürich
Koordination und Redaktion: Martin Rupps
Redaktionsassistenz: Stephanie Daut
Recherche: Patrizia Pesenti
Lektorat: Ute Maack
Fotos: ©Antje Berghäuser
Druck: fgb • freiburger graphische betriebe, Freiburg

ISBN 978-3-280-05564-9

Die Deutsche Nationalbibliothek verzeichnet diese Publikation in der Deutschen Nationalbibliografie; detaillierte bibliografische Daten sind im Internet über http://dnb.d-nb.de abrufbar.

Inhaltsverzeichnis

Man kann die Deutsche Bank verstaatlichen
Über die Veränderung der Verhältnisse

Jakob Augstein: Sprechen wir über die Demokratie.

Frank A. Meyer: Die Demokratie ist das System der Ent-Täuschung.

Weil sie uns von Enttäuschungen befreit?

Nein, von Täuschungen. Ich glaube, dass wir, während wir denken und reden, immer auch Täuschungen unterliegen. Die Täuschung besteht darin, dass ich, wenn ich Ihnen auf eine Frage antworte, überzeugt bin, dass meine Antwort richtig ist. Auch Sie würden auf meine Antwort nichts erwidern, wenn Sie nicht überzeugt wären, dass Ihre Erwiderung richtig ist. Hier setzt die, wie ich finde, fantastische Rolle der Demokratie an: In einer Diskussion nach demokratischen Spielregeln kann ich ent-täuscht werden. Wenn wir zwei etwas beschließen müssen und dabei jeder von uns ent-täuscht wird, finden wir einen Kompromiss. Wenn zwanzig Personen in einer Diskussion ent-täuscht werden, fällt der Kompromiss oft unansehnlich aus. Die Demokratie ist das Rendezvous mit dem Anderen, sie fesselt uns an den Anderen. Das ist die Lebenswirklichkeit der Demokratie.

Das funktioniert nur, wenn man nicht nur glaubt, dass man selbst recht hat, sondern auch zum Kompromiss in der Lage ist.

7

Wenn man von vornherein der Meinung ist, dass es keine andere Wahrheit außer der eigenen gibt, bleibt die demokratische Diskussion schnell auf der Strecke. Ihr Ansatz kommt gegen die antirepublikanische Haltung in der deutschen Medienöffentlichkeit nicht an. Sie verwendet im Zusammenhang mit politischen Kompromissen Begriffe wie »Feilschen« und »Schachern« – Begriffe, die antisemitisch konnotiert sind. Sie galten ursprünglich dem Juden und seiner vermeintlichen Händlerseele. Journalisten, die so etwas schreiben, machen sich gar nicht klar, dass sie im Grunde das Führerprinzip fordern: Beschlüsse sollen nicht mühsam ausgehandelt, sondern mit kalter Hand herbeigeführt werden.

Die Deutschen wünschen sich gern ein Resultat, das Bestand hat.

Das Ende allen politischen Streits.

Ja. Das hat der »Führer« damals versprochen: Das Ende allen Streits. Aber der Sinn von Demokratie liegt darin, dass der Streit nie endet. Weil aus dem Streit heraus immer neue, der Situation gemäße Lösungen gefunden werden. Die Reife der demokratischen Gesellschaft bemisst sich an ihrer Skepsis gegenüber endgültigen Lösungen und Wahrheiten. Die Demokratie ist die Lösung, weil sie keine Lösungen anbietet, sondern nur die Form, um gegeneinander und miteinander nach Lösungen zu suchen. Ich bin mir nicht sicher, dass das in der deutschen Öffentlichkeit wirklich angekommen ist.

Die Schweizer haben aus der demokratischen Not zum Streit eine Tugend gemacht. Wenn dort eine Bewegung eine Volksabstimmung verliert, überlegen die Initianten sogleich, welchen alternativen Weg sie gehen können, um ihr Anliegen doch noch durchzusetzen, jedenfalls in Teilen oder in abgeschwächter Form. Politik in der Demokratie ist diskursiv und prozessual. Also streitig und vorläufig. Sie ist nie autoritär. Der Wunsch nach Schluss der Debatte ist deutsch. Die Deutschen kennen keine Tradition einer diskursiven, prozessual gesteuerten Ordnung wie die Franzosen nach 1789 oder die Schweizer nach 1848. Mit Ausnahme des gescheiterten Weimarer Versuchs haben sie nur autoritäre Strukturen erlebt: das Kaiserreich, den Faschismus, den Kommunismus.

Ich halte deshalb das Politik-Bashing, wie es seit einigen Jahren in Deutschland stattfindet, für eine sehr negative Entwicklung, weil es letztlich immer ein Demokratie-Bashing ist. Es gibt keinen Grund zu behaupten: »Die Demokratie versagt.« In Deutschland sind das Demokratiewunder und das Wirtschaftswunder nach 1949 parallel verlaufen. Deshalb glauben viele Deutsche, die Demokratie sei verantwortlich für wirtschaftlichen Erfolg – und wenn die Wirtschaft in einer Krise steckt, dann hat die Demokratie versagt. Die Deutschen müssen nicht sagen: »Die Demokratie versagt«, sondern sie müssen sagen, von welchen Politikern sie regiert werden wollen und von welchen nicht. Demokratie ist Arbeit, Bürgersein ist ein Nebenjob. Ein Drittel der Gesellschaft nimmt diesen Job wahr. Ein zweites Drittel lässt sich vom ersten beeinflussen. Und das dritte Drittel schaut nur zu.

Dann ist auch die Demokratie eine elitäre Angelegenheit. Vielleicht ist das so. Revolution ist ja auch eine Sache der Elite. Vielleicht will die Masse weder Revolution noch Demokratie, sondern einfach in Ruhe gelassen werden. Wenn das so wäre, bräuchten Sie Leute, die vorangehen und die Revolution machen – oder die Demokratie.

Ich widerspreche Ihnen. Das Geniale an der Demokratie ist, dass die Revolution in der Demokratie stattfinden kann. Die bürgerliche Demokratie erlaubt die Revolution. Das ist die historische Erfahrung von Achtundsechzig, die das grüne Denken und auch den Feminismus beflügelt hat, und die auch die Zukunft prägen wird. Die Revolution tritt ein, wenn es zu einer Bruchstelle innerhalb der Elite kommt, wenn ein Teil dieser Elite sagt: »So geht es nicht weiter!« Zur Elite zähle ich alle, die wie auch immer aktiv in das gesellschaftliche Leben eingreifen – das kann ein Gewerkschafter oder ein Kommunalpolitiker oder ein Bankenchef oder die Bundeskanzlerin sein. Wenn eine kritische Masse erreicht ist, die andere Verhältnisse will, kommt es zum Bruch. Einen solchen Bruch erleben wir im Augenblick in Griechenland, Spanien oder Portugal. Die Entwicklungen dort zeigen, dass die bürgerliche Demokratie ziemlich viel aushält. Bei allem Zorn werden die demokratischen Regeln eingehalten.

Sie haben gesagt, die revolutionäre Elite muss für die Masse handeln. Diese Sichtweise finde ich paternalistisch. Diese Elite ist nicht altruistisch, sie handelt nicht für die anderen, sie handelt aufgrund der Erkenntnis, dass es so nicht weitergeht. Und dann haben Sie gesagt: Die Masse will Ruhe. Dass Sie überhaupt den Begriff der Masse gebrauchen, ist ebenfalls paternalistisch! Sprechen wir doch vom einzelnen Menschen; der einzelne Mensch will Ruhe, weil er in Ruhe leben will. Er will nicht gebeutelt sein. Nur in der Ruhe entwickelt sich Glück. Er hat einen Anspruch darauf. Es handelt sich um den Anspruch des Einzelnen, nicht irgendeiner Masse.

Wir haben über das Beliebige im Journalismus gesprochen. Dieses Beliebige ist einflussreich. Es drückt sich in der Verachtung differenzierter Zusammenhänge aus. Auch in der Verachtung der Politik und der Demokratie. Der Zeitgeist giert nach

Spektakel. Die Medien gieren nach Aufmerksamkeit. Die Weltbühne liefert Dramen. Doch Demokratie ist kein Drama, sie ist das Gegenteil eines Dramas, sie widmet sich den mühsamen Forderungen des Tages, sie verweigert sich jedem Überschwang. Demokratie ist die Banalität des Guten. Woher aber haben die Leute ihre Passivität, ihre Verachtung der Demokratie, ihre Zweifel an der Demokratie? Das kam nicht beim Schlafen unter dem Kopfkissen hervor. Die Leute konsumieren die Medien, von dort her haben sie es! Diesen Vorwurf mache ich meinem Metier: Dass es allzu oft und gedankenlos Demokratie-Bashing betreibt.

Ich finde nicht, dass wir in Deutschland ein Politik-»Bashing« haben. Die Zeitung, der man das am ehesten zutrauen müsste, die »Bild«-Zeitung, tut das gerade nicht. Sie verfolgt, wie ich finde, unlautere politische Ziele, und ich halte sie mit ihrer konservativ-reaktionären Haltung für eine schlimme publizistische Kraft, aber sie verfolgt ihre Ziele mit lauteren Mitteln. Die »Bild«-Zeitung ist eben keine rechtspopulistische, antidemokratische, politikverächtliche Kraft. Diese Zeitung will Deutschland nicht politisch aushebeln, sondern mit ihrem reaktionären Gedankengut prägen.

Viele Medien, auch bei Springer, dort die »Welt«, aber noch mehr die »Bild«-Zeitung, verherrlichen den ungezügelten Wettbewerb des Marktes und finden, dass Politiker bei der Regulierung dieses Marktes nur stören. Wir erleben eine Vergötterung des Marktes und ein Bashing von Politikern und Politik.

Ich kann nicht sehen, dass wir in Deutschland eine medial unterstützte Politikverächtlichkeit haben. Nehmen Sie den Fall Wulff: Alle Zeitungen unterschiedlichster Couleur waren der

Meinung, dass dieser Mann im Amt nicht mehr tragbar sei. Bei den Umfragen in der Bevölkerung war die Meinung aber keineswegs einhellig. Da wurde vielmehr Kritik an den Journalisten und an der, wie die Leute es empfanden, Kampagne gegen Wulff laut.

Ich finde, es wirft ein Licht auf die Verhältnisse, dass Wulff über Kleinlichkeiten stürzt und dass die Chefs von Banken, die verstrickt sind in dubiose und kriminelle Geschäfte, von Journalisten bewundert und hofiert werden. Die Deutsche Bank ist das beste Beispiel für diese Medien-Mentalität: Wirtschaft hui, Politik pfui.

Sie sprechen einen spannenden Punkt an. Ich finde auch, dass die Medien die Wirtschaftswelt fast vollständig ausblenden. Das beginnt schon bei der Welt der Betriebe, in die Journalisten überhaupt nicht hineinkommen. Wir haben fast keine Berichterstattung aus den Betrieben, weil die Unternehmen in ihren Betrieben das Hausrecht haben und keine Berichterstattung wollen. Das ist absurd. Der Betrieb ist kein privater Raum so wie eine Wohnung oder ein Haus, die des besonderen Schutzes bedürfen ...

Er ist ein gesellschaftlicher Raum ...

... und muss deshalb auch der medialen Berichterstattung offenstehen. Aber die Unternehmen machen ganz wörtlich dicht, auch weil sie wissen, dass sie das Recht auf ihrer Seite haben. Sie könnten einen Verlag, der einen Journalisten eingeschleust hat, mit Klagen überziehen. Die Betriebe sind für Journalisten de facto verschlossen. Also reagieren sich die Journalisten umso heftiger an der Politik ab.

Dass man die Betriebe öffnet, ist nicht die Lösung des Problems. Man kann auch nicht einfach in die Redaktion Ihrer

Zeitung, dem »Freitag«, gehen und sagen: »Wollen wir doch einmal sehen, wie dieser subtil-autoritäre, leicht paternalistische Augstein seine Redaktion führt…« Das wollen Sie doch auch nicht. Journalisten könnten, auch wenn sie nicht in die Betriebe hineinkommen, viel häufiger, offener und kritischer über die Wirtschaft berichten.

Wo steht denn Ihrer Meinung nach die bürgerliche Demokratie?
Wir stehen am Vorabend einer großen Veränderung.

Den Vorabend haben wir schon hinter uns gelassen. Wir stecken bereits mitten in der Veränderung.
Wie sieht diese Veränderung für Sie aus?

Ich kann dem Konzept der Postdemokratie, das der englische Sozialwissenschaftler Colin Crouch formuliert hat, viel abgewinnen: Äußerlich bleibt in den westlichen Demokratien alles beim Alten, es gibt weiter freie Wahlen und die Institutionen – Regierung, Parlament, Justiz – funktionieren. Auch die öffentliche Meinungsbildung bleibt intakt. Doch unterhalb dieser Institutionen führen die bestimmenden Kräfte ein Eigenleben, das sich einer demokratischen Kontrolle de facto entzieht. Wirtschaft und Verwaltung entkoppeln sich vom demokratischen Prozess und funktionieren nach eigenen, selbst geschaffenen Gesetzen. Das klingt zwar ein bisschen verschwörungstheoretisch, aber man kann viele Belege dafür finden, dass die westlichen Demokratien auf diesem Weg sind. Wir erleben zum Beispiel, dass die politischen Sphären – nationale, europäische, internationale – untereinander munter um die Macht ringen. Und gleichzeitig erleben wir, dass die politische Sphäre sich der wirtschaftlichen Mal um Mal geschlagen gibt: Die Wirtschaft handelt immer unabhängiger

*von der politischen Sphäre. Manche Politiker mögen diese Fehl-
entwicklung inzwischen erkannt haben. Aber die Frist, das zu
korrigieren, ist bereits abgelaufen.*

Die Politik wird sich ihr Terrain zurückerobern. Davon bin ich
überzeugt,

Dafür gibt es keine Anzeichen, auch in Deutschland nicht.

Die Wirtschaft konnte auf die Globalisierung viel schneller
reagieren als die Politik. Das zentralistisch geführte Volks-
wagenwerk oder die zentralistisch geführte Deutsche Bank
wurden in wenigen Jahren zu Global Playern. Die Politik, die
immer noch überwiegend nationalstaatlich verfasst ist, muss
ihre komplizierten Gebilde auf europäischer und internationaler Ebene anpassen – das braucht Zeit. Politische Entschei-
dungsprozesse sind, sofern demokratisch legitimiert, lang-
wierig bis zur Langweiligkeit. Das ist ein Wesensmerkmal der
Demokratie: Sie bedarf der langen Weile, der Dauer. Demokratie ist das Gegenteil von Effizienz.

Die Politik kann auf nationalstaatlicher Ebene viel tun,
wenn sie es denn will. Sie kann zum Beispiel über Steuern
eingreifen – über die Besteuerung von Unternehmen, von
Finanzgeschäften, von Kapitalerträgen. Diese Maßnahmen
heißen ja nicht umsonst »Steuern«. Mit einer Finanztransakti-
onssteuer oder einer Kapitalertragssteuer erzeugen sie in sehr
kurzer Zeit Wirkung. Sie müssen nur das Gesetz formulieren
und es verabschieden. Die Behauptung, dass Politiker heutzu-
tage nichts mehr tun können, halte ich für falsch. Sie trauen
sich nicht.

Eine Regierung kann viel steuern, wenn sie die richtigen
Steuern erhebt und die falschen lässt. Es müssen ja nicht ständig neue hinzukommen, sondern man lenkt ja auch, indem

man auf bisherige Steuern verzichtet. Mir geht es aber um etwas anderes: Ich setze nicht auf Maßnahmen irgendeiner Regierung, ich setze auf den kreativen Prozess der Politik, der immer dezentral ist. Wenn immer mehr Persönlichkeiten und Institutionen Kritik an den Verhältnissen üben, werden immer mehr Menschen sagen: »Das habe ich auch schon lange gedacht. So kann es nicht weitergehen!« Wenn Papst Franziskus in seinem Lehrschreiben »Evangelii Gaudium« feststellt: »Diese Wirtschaft tötet«, er also in einer provokativen und an Schärfe nicht zu überbietenden Formulierung den Marktradikalismus exkommuniziert, dann bleibt das nicht ohne Wirkung. Auf diese Weise entsteht ein neues Bewusstsein, das auch die Politik früher oder später nicht mehr ignorieren kann.

Sie sind ein Optimist.

Nein, ich bin Realist. Die Dinge haben sich immer so begeben.

Das Gespräch muss geführt werden, die Diskussion muss geführt werden, es muss um die Begriffe gerungen werden. Wenn ein Kapitalist von Freiheit redet, muss man ihm entgegenhalten: »Du sprichst von Freiheit, aber du meinst nicht Freiheit, sondern deinen persönlichen Profit. Dein Profit ist nicht meine Freiheit.« Der Streit um Begriffe muss lauter geführt werden. Aber hier setzt mein Pessimismus an, denn wir haben in der Öffentlichkeit keinen herrschaftsfreien Diskurs um Wahrheit und Wahrhaftigkeit, sondern einen interessengeleiteten Diskurs.

Es wird niemand daran gehindert, die Dinge offen auszusprechen.

Es bedeutet nichts. Sahra Wagenknecht kann in der »Frankfurter Allgemeinen Zeitung« Artikel schreiben. Das macht die Gesellschaft keinen Deut emanzipierter.

Ich halte das für eine Emanzipation der »Frankfurter Allgemeinen Zeitung«.

Es heißt nur, dass sich der von Kapitalisten gesteuerte Diskurs um eine Facette bereichert hat wie eine Blume, die man gepflückt hat und jetzt ins Knopfloch steckt.

Wie alt waren Sie vor 25 Jahren?

21.

Vor 25 Jahren war ich 45. Es herrschte Kalter Krieg. Es war die Zeit der ideologischen Frontstellungen. Die Schweiz war davon nicht ausgenommen Es wäre auch dort undenkbar gewesen, dass jemand wie Sahra Wagenknecht in einer etablierten Zeitung einen Artikel schreibt. Heute sind wir viel weiter. Ich habe erlebt, wie meine kritischen Artikel über Banken zu Versuchen führten, mich als Journalist auszugrenzen. Solche Versuche wären heute undenkbar. Das mag noch einzelnen Kollegen widerfahren, aber die Pressefreiheit gilt heute auch in der Wirtschaftsberichterstattung.

Die Menschen sind heute sicher nicht uninformiert, aber vielleicht sind sie ohnmächtig.

Wenn sie informiert sind, sind sie nicht mehr ohnmächtig. Stellen Sie sich vor, es würden sich achtzig Prozent der Deutschen ernsthaft darum kümmern, was in ihrem ureigenen politischen Interesse liegt, und dann zur Wahl gehen. Denken Sie denn, der Bundestag wäre noch mit den Leuten besetzt, die ihm heute angehören?

Ich halte das für keine zulässige Schilderung, denn theoretisch könnten die Leute es ja tun. Die Frage ist, was die Leute tun und wie sie es tun. In der Türkei gibt es eine Demokratie. Selbst im Irak gibt es eine Demokratie, und wahrscheinlich ist sogar der Iran ein weitgehend demokratisches Land, wenn man damit nur meint, dass dort Wahlen stattfinden. Aber offenbar genügt das nicht. Wir sehen an diesen Beispielen, dass Demokratie ohne bürgerliche Institutionen wie unabhängige Gerichte oder unabhängige Medien…

… keine ist…

… völlig unsinnig ist. Dann brauchen sie auch keine Demokratie. In Deutschland haben wir diese Institutionen, die unabhängigen Gerichte und die Meinungsfreiheit, aber auch hier ist über die Jahre hinweg nicht viel passiert, um die Macht des Kapitals einzuhegen. Warum eigentlich nicht? Wir wissen schon lange, dass die Akkumulation des internationalen Finanzkapitals eine gefährliche Angelegenheit ist. Aber diese Erkenntnis setzt sich nicht in Politik um.

Deshalb bin ich als Schweizer ein großer Anhänger der EU, weil ich glaube, dass Regeln nur in supranationalen Räumen möglich und wirksam sind.

Da ist die EU gar nicht zuständig…

…aber natürlich. Sie kann sich zuständig machen. Das ist ein Prozess. Ich glaube, der Prozess auf europäischer Ebene ist schon weiter, als wir denken oder als wir wahrnehmen.

Die Banken wollen von ihrer Macht nicht lassen und die Politiker trauen sich nicht, ihnen diese Macht zu nehmen. Die Leute haben bereits ein aufgeklärtes Bewusstsein. Die »Revolution des Bewusst-

seins«, die Sie im Sinn haben, ist bereits erfolgt. Wir haben viel-
mehr ein Machtproblem – man kommt in die Machtballung der
Banken nicht hinein.

Der Bürger kann diejenigen Politiker wählen, die diese Macht
brechen wollen.

Offenbar machen die Leute das aber nicht.

Die Deutsche Bank kann verstaatlicht werden. Vielleicht
müsste man das tun, jedenfalls vorübergehend.

Das sagt Sahra Wagenknecht auch. Trotzdem wird Sahra Wagen-
knecht nicht gewählt. Die Linkspartei ist die einzige Partei, die
konsequent sagt, was man mit der Finanzindustrie machen muss.
Nämlich entmachten. Die wollen gar nicht alles verstaatlichen,
aber sie wollen sie dramatisch entmachten.

Das ist interessant. Das sagen klassische Ordoliberale auch.
Für sie passt eine mächtige Finanzindustrie nicht in eine vom
Geist des Liberalismus erfüllte Ordnung.

Die machen den Liberalismus zu einer Ideologie.

Wichtig ist mir, darauf hinzuweisen: Es findet eine Debatte
über den ausufernden Finanzkapitalismus statt, und diese
Debatte wird ihren Niederschlag haben. Sie haben mich gefragt, ob ich zuversichtlich bin – ja, ich bin es.

Ich nicht. Weil es nicht um kulturelle oder ideologische Fragen
geht, sondern um Machtfragen. Das Machtproblem löst sich nicht
von selbst.

Erinnern Sie sich daran, über wie viel Macht die Atomwirtschaft noch bis vor wenigen Jahren verfügt hat. Sie verwaltete
eine Technik, die als zukunftsverheißend galt. Die Betreiber

der Atomkraftwerke wussten um ihre wirtschaftliche und politische Macht, diese Macht galt als unstürzbar. Und heute? Die Politik findet es inzwischen peinlich, mit der Atomwirtschaft in einem Atemzug genannt zu werden. Da ist in sehr kurzer Zeit unheimlich viel passiert.

Ich bin der festen Überzeugung, dass dieses System sich aus sich selbst heraus nicht reformieren kann. In Wahrheit gibt es zwar hochlebendige Akteure in diesem System, in der Politik, der Wirtschaft, in den Medien, auch das Wahlvolk selbst ist ein Akteur, doch alle gemeinsam steuern in eine Sackgasse, aus der sie nicht mehr herauskommen. Wir erleben, dass Politiker Politik machen, die Wirtschaft das Geld bewegt, die Medien schreiben und senden und die Wähler zur Wahl gehen. Aber in dieser Sackgasse passiert trotzdem nichts mehr.

Ich widerspreche nicht. Für mich ist die Demokratie ein Lösungsmodell. Aber dass man irgendwann auch in diesem Lösungsmodell durch Mächte, die dieses Lösungsmodell ablehnen und manipulieren, in eine Sackgasse geraten kann, wo man nicht mehr weiterkommt, wo man vielleicht zurück muss – das ist durchaus denkbar. Wie könnte ich sagen: Es wird immer funktionieren. Aber wir zwei machen dieses Buch und diskutieren, weil wir wollen, dass es funktioniert. Und mit uns wollen dies unglaublich viele intelligente Menschen. Demokratisches Handeln erschöpft sich doch auch bei uns längst nicht mehr im Gang zur Urne. In der westlichen Welt, insbesondere in Deutschland, verfügen wir über eine sehr rege Bewusstseinsindustrie. Darum ist Deutschland ja fast schon eine avantgardistische Nation geworden. Sie beeinflusst die EU, und in dieser EU finden politische Umbrüche statt, und es werden weitere Umbrüche folgen. Unter

Barroso war die EU ziemlich hermetisch. Das war eine neoliberale Zeit, eine ökonomistische Zeit. Aber die Barroso-Zeit ist vorbei.

Unsere Bundeskanzlerin ist eine heimliche Neoliberale. Sie erweckt nach innen den Anschein, pseudosozialdemokratisch zu sein, aber auf europäischer Ebene hat sie, wenn es darauf ankam, mit der ganzen Macht, die der Wirtschaftsriese Deutschland innehat, dafür gesorgt, dass am inter-gouvernementalen, neoliberalen, wirtschaftsideologischen Modell nicht gerührt wird. Sie hat die Selbstermächtigung der europäischen Politik stets verhindert.

Ich habe bewusst nicht von politischen Akteuren gesprochen. Die politischen Akteure lernen hinzu oder werden ausgewechselt …

… aber Angela Merkel ist die erfolgreichste Kanzlerin, die wir seit ganz langer Zeit haben …

… sie hat auch nicht alles einfach nur falsch gemacht – das wissen wir beide.

Ich finde, dass sie in der europäischen Krise alles falsch gemacht hat.

Ja, das kann man so sehen. Mit Blick auf Griechenland hätte man wahrscheinlich viel großzügiger sein sollen.

Die sozialen Folgen für die Griechen waren schrecklich.

Ja, aber es hat auch dort einen Bewusstseinsschub gebraucht. Ich wiederhole: Es gibt in Deutschland eine Bewusstseinsindustrie, die Einfluss auf die Politik hat. Das ist das Wunder der Demokratie, auch der deutschen Demokratie: zu erleben, wie viel Denken und Streiten und neues Denken und neues

Streiten den politischen Alltag bestimmt. Das macht mich zuversichtlich.

Sie sind schnell zufriedenzustellen, muss ich sagen. Ich finde, dass wir in Deutschland einen gleichtönenden Chor weitgehender Harmonie haben. Die großen Mainstream-Medien schreiben in den wesentlichen Fragen dasselbe. Die Menschen sind zufrieden und wählen die Kanzlerin, die sie in ihrer Zufriedenheit bestärkt. Ich halte es für ein schlimmes Versagen dieser Kanzlerin, dass sie die Finanzkrise nicht genutzt hat, um die europäische Integration nachhaltig zu stärken. Wenn man einmal über den Tag hinaus schaut, muss man feststellen: Die europäischen Staaten können nur gemeinsam ein international handlungsfähiger Akteur bleiben, andernfalls gehen sie auf den wichtigen Feldern der Außen-, Wirtschafts- und Sozialpolitik gnadenlos unter. Was hat Cohn-Bendit kürzlich gesagt? »In acht oder zehn Jahren ist kein europäisches Land mehr unter den acht größten Wirtschaftsnationen.« Jedes Land für sich gerechnet. Einfach, weil die anderen Staaten der Welt dynamischer sind. Die wachsen uns alle über den Kopf. Europa hat gar keine andere Wahl, als sich immer enger zusammenzuschließen. Die Finanzkrise hätte eine Chance geboten. Frau Merkel hat diese Chance vertan.

Aber wenn Frau Merkel hier einen Fehler gemacht hat, gab es, meine ich, einen nicht so schlechten Grund für diesen Fehler …

… mangelnde Kraft zur Vision, mangelnder Mut. Es reicht ihr, pragmatisch umzusetzen, was gerade funktioniert. Sie will gar nicht prägen. Ich finde aber, wenn man dieses Amt innehat und es kommt zu einer Krise solchen Ausmaßes, hat man die Verantwor-

tung, mehr zu machen als »muddling through«. Dann darf man sich nicht nur durchwursteln.

Für mich ist ein plausibler Grund für Frau Merkels Verhalten, dass sich die Staaten, die in die Krise hineingeraten sind, wirklich reformieren müssen.

Können sie doch.

Die Sorge war: Wenn man die Schulden begleicht, wenn man quasi sagt: »Okay, da habt ihr das Geld. Wir ziehen euch aus dem Sumpf«, passiert nichts.

Das meine ich nicht. Ich meine, die Deutschen hätten alles machen können, aber sie hätten sagen müssen: »Wenn wir für eure Schulden geradestehen, wollen wir einen Integrationsfortschritt haben.«

Da bin ich Ihrer Meinung. Das ist vielleicht eine verpasste Chance. Was Sie fordern, ist eine politische, nicht ökonomische Sicht der Dinge, um nicht zu sagen: eine Vision. Wir müssen Europa politisch formen und nicht nur nach ökonomischen Lösungen suchen. Ich denke, ökonomisch war es nicht ganz falsch, dass Länder wie Griechenland oder Portugal unter Druck kamen. Ich habe ein herzliches Verhältnis zu diesen Ländern, weil sie für diesen wunderbaren Lebensstil stehen, aber ökonomisch wurde dort gegen jede Vernunft verstoßen. Sie haben recht: Man hätte daraus einen politischen Schuh machen müssen, man hätte eine politische Antwort geben müssen.

Giscard und Schmidt haben die Währungsunion in den siebziger Jahren, als die Währung unter Druck kam, gemacht...

...und Kohl und Mitterand. Schmidt und Giscard haben die gemeinsame Währung erfunden, Kohl und Mitterand den Euro auf den Weg gebracht...

... es war jeweils in Momenten der Krise. Diese Politiker haben Momente der Krise genutzt, um ein aktuelles ökonomisches Problem zu lösen und gleichzeitig einen politischen Sprung nach vorn zu machen. Dazu war Angela Merkel nicht in der Lage. Sie wollte es gar nicht.

Auf einen Espresso mit Frank A. Meyer und Marc Walder[1]
Über Männermacht und Schöpfungsmacht

Sagen Sie mal, Frank A. Meyer, sind Sie für oder gegen die Frauen-Quote?

Ich bin gegen die Männer-Quote.

Das müssen Sie mir erklären.

Es geht um das seit Jahrhunderten ungeschriebene Gesetz, dass Männer die Welt beherrschen. Also auch die demokratische Gesellschaft – und natürlich die Wirtschaft. Die Männer-Quote muss abgeschafft werden.

Die generelle Meinung, nicht nur unter Männern, lautet doch: Gute Frauen setzen sich auch ohne Quote durch.

Das ist albernes Männergeschwätz. Ich kann es nicht mehr hören. Der Satz beinhaltet erstens die Anmaßung, dass sich in der männerbeherrschten Wirtschaftswelt stets die fähigsten Männer durchsetzten. Zweitens besagt der Satz, dass Frauen nur dann an die Spitze von Unternehmen gehören, wenn sie über herausragende Qualitäten verfügen. Mit Gleichberechtigung hat dies nichts zu tun. Denn Gleichberechtigung ist erst dann gegeben, wenn ebenso viele mittelmäßige und unfähige und dumme Frauen an die Spitze der Wirtschaft gelangen wie Männer. Frauen müssen nicht besser sein als Männer. Und sie sind es auch nicht.

---

1 Marc Walder ist CEO des Medienunternehmens Ringier AG. Seit 2007 unterhält er sich mit Frank A. Meyer über Themen der Woche. Die Kolumne erschien zunächst im »Sonntagsblick«, seit 2011 in der »Schweizer Illustrierten«.

Ernst Tanner, Chef von Lindt & Sprüngli, behauptet, um bei uns voranzukommen, müsse man »mobil und flexibel« sein. Frauen mit Kindern seien »nicht mehr mobil genug« und kämen für Top-Positionen oft nicht infrage.

Ernst Tanner ist Schokoladen-König, nicht Philosophen-König. Darum hat er nicht genügend nachgedacht. Die Lebenswirklichkeit der Frauen als Argument gegen Frauen in Spitzenpositionen anzuführen, gehört zu den ältesten Männertricks. Vor allem in der Wirtschaft will man alles Menschen-Emotionale ausschließen: Der Faktor Mensch stört den Faktor Produzent. Da stört natürlich eine Frau, die zu Hause Kinder erzieht, sich also ums Wirkliche kümmert – nicht nur um Kirschstängeli oder Schokoladenhasen mit einem Glöckchen um den Hals.

Aber damit entkräften Sie das Argument von Ernst Tanner noch nicht.

Doch. Eine Frau, die Kinder erzieht – und im Notfall auch ihren Gatten –, bringt Erfahrungen in die Führungsetage, die dem Mann völlig abgehen.

Sie gehen heute sehr weit.

Überhaupt nicht, lieber Marc Walder. Haben wir beide denn Kinder geboren? Sehen Sie! Diese Erfahrung fehlt uns. Sie macht die Frauen erwachsen. Uns fehlt diese absolute schöpferische Kraft. Im Gegensatz zu Frauen werden wir nie ganz erwachsen. Wir kompensieren diesen Mangel seit Jahrhunderten durch Männermacht, mit der wir die Frauen kleinhalten, abwerten. Die Schöpfungsmacht der Frauen macht uns Männern Angst.

Mit Fontane sage ich Ihnen, lieber Frank A. Meyer: Dies ist ein weites Feld.

Richtig. »Quote« ist ein zu kurzes Wort für ein derart tiefes kulturelles Problem. Die Abschaffung der Männer-Quote in dieser Welt, auch in den Kulturen, die weniger weit sind als unsere christlich-abendländische, wäre die größte Revolution der Geschichte.

»Schweizer Illustrierte«, 12. März 2012

Frank A. Meyer
Asyl für Edward Snowden

Edward Snowden hat die US-Überwachungsexzesse öffentlich gemacht. Ist das eine Heldentat? Ist er ein Held?

Eigentlich nicht. Weil in Demokratie und Rechtsstaat kein Heldenmut vonnöten ist, um Verstöße gegen Demokratie und Rechtsstaat öffentlich zu machen. Den Skandal platzen zu lassen, darf nicht skandalös sein.

Eigentlich.

Ein Bürger, der so etwas unternimmt, müsste nicht gezwungen sein, heldenmütig zu handeln. Er müsste einfach als verantwortungsvoller Bürger seine Pflicht tun dürfen.

Edward Snowden hat für seine Tat weder Geld kassiert noch hat er sie im Auftrag einer feindlichen Macht begangen. Er hat nur das öffentliche Interesse an der Information über die Internet-Spionage seines Landes höher gewertet als die Geheimhaltung, der er als Mitarbeiter der NSA unterworfen war. So handelt ein verantwortungsbewusster Bürger.

Eigentlich.

Doch ist leider alles ganz anders. Die USA stempeln ihren Bürger Snowden zum Staatsfeind. Sie jagen ihn um die Welt. Sie erwogen sogar, Kampfjets aufsteigen zu lassen, um ein Flugzeug mit ihm an Bord abzufangen. Sie zwingen den bolivianischen Präsidenten zur Landung in Wien, weil sie Snowden in dessen Staatsmaschine vermuten. Sie lassen ein Handelsabkommen mit Ecuador platzen, weil die kleine südamerikanische Nation dem unbotmäßigen US-Bürger Asyl anbieten könnte.

All das ist einer Demokratie und eines Rechtsstaats unwürdig – schon gar der mächtigsten Demokratie, des mächtigsten aller Rechtsstaaten.

Eigentlich.

Denn genau darin besteht, immer wieder aufs Neue, die rechtsstaatliche Reifeprüfung: dass Skandale möglich sind, dass sie aufgedeckt werden können. Zum Schrecken der Betroffenen. Denn dieser Schrecken ist nötig, soll der Skandal durch Buße und Bewältigung zur Besserung führen.

Skandale gehören zu Demokratie und Rechtsstaat. Sie machen diese sichtbar. Stellen sie auf die Probe. Nur in Demokratie und Rechtsstaat gibt es überhaupt Skandale. In der Diktatur ist der einzige Skandal die Diktatur selbst.

Dem Schrecken der US-Regierung über die Tat des Edward Snowden müsste ein Erschrecken über sich selbst innewohnen. Doch das fehlt. Und weil es fehlt, sind die USA derzeit nicht die Demokratie und nicht der Rechtsstaat, in welchem Edward Snowden ganz einfach als zivilcouragierter Bürger seine Pflicht tun kann, tun darf.

Das aber ist die noch viel bedeutsamere Offenbarung: Amerika ist selbst gefangen im Netz, das es über die Welt gelegt hat, um den globalen Datenverkehr abzuhören und aufzuzeichnen, zu durchforsten und zu archivieren. Es ist der Wahnsinn einer Weltmacht, der Weltmacht.

Edward Snowden soll zertreten werden.

Und darum ist Edward Snowden eigentlich trotzdem ein Held. Ein unfreiwilliger. Sein Vaterland hat ihn dazu gemacht.

Wer aber bietet ihm Schutz an? Er floh nach Hongkong, also China. Dann nach Russland. Wird er in Ecuador landen? In Bolivien? In Nicaragua? Warum nicht in einer über jeden Zweifel erhabenen Demokratie? Warum nicht in der Demokratie?

Warum nicht in der Schweiz?

Ja, warum eigentlich nicht? Sind wir denn nicht das zu allem entschlossene gallische Dorf, das jedwedem Imperium die Stirn bietet? So sehen wir uns doch. So geht doch die liebevolle Erzählung, in die wir uns so gerne flüchten, wenn wir uns der Welt gerade wieder einmal verweigern.

Edward Snowden böte die Chance, diesem bizarren Selbstbild für einmal – und vor aller Welt – Glaubwürdigkeit zu verleihen: Aufenthalt und Asyl für einen gehetzten Bürger.

Das müsste für die Bürger-Nation Schweiz doch Ehrensache sein!

Eigentlich.

»Sonntagsblick«, 7. Juli 2013

Frank A. Meyer
Die Putschisten sind unter uns

Also sprach Ueli Maurer: »Wir haben keinen Kontakt mit der NSA.«

Der »Blick« druckte neben diesem Zitat des Bundespräsidenten ein NSA-Dokument ab, das die Schweiz als Partnerstaat sowohl des zivilen wie des halbmilitärischen US-Geheimdienstes aufführt. Ein Faksimile-Beleg, den die spanische Zeitung »El Mundo« aus Edward Snowdens Dateienvorrat publizierte.

Was gilt nun? Das Wort des Bundespräsidenten? Oder die Worte des Dokuments, schwarz auf weiß? Womöglich weiß Maurer selbst nicht genau, was er weiß.

Möge ihm der frühere deutsche Bundeskanzler Helmut Schmidt ein Trost sein. Der berichtet in der neusten Ausgabe der Wochenzeitung »Die Zeit« über seine Erfahrungen mit Geheimdiensten, ausgehend vom ersten Kontakt als Bundestagsabgeordneter mit dem damaligen Chef des Bundesnachrichtendienstes, Reinhard Gehlen, einem Abkömmling des Nazi-Spionagesumpfs:

»Der war undurchsichtig, mit dem sollten wir nichts zu tun haben. Seitdem hatte ich Vorurteile gegenüber dem BND. Später wurde ich in Hamburg Chef des Verfassungsschutzes. In dieser Zeit wurde aus meinem Vorurteil gegenüber den Geheimdiensten ein endgültiges Urteil. 1969 wurde ich Verteidigungsminister, ich war damit auch zuständig für den Militärischen Abschirmdienst. Mein endgültiges Urteil wurde bestätigt.«

Wer wäre kompetenter, wer wäre glaubwürdiger als Helmut Schmidt, über die Dunkelkammern von Rechtsstaat und Demokratie zu urteilen? Bundesnachrichtendienst, Verfassungsschutz, Militärischer Abschirmdienst – alles dieselbe Mischpoke.

Was lehrt uns das erstens? Geheime Dienste verdienen kein Vertrauen, wie auch immer sie sich nennen mögen, was auch immer sie zu beschützen vorgeben, ob Verfassung oder Vaterland. Ihre Vertrauenswürdigkeit liegt bei null.

Und was lehrt uns das zweitens? Das einzige Mittel, die Unterwanderung des freiheitlichen Staates durch einen geheimen Staat im Staat zu verhindern, ist Kontrolle: demokratische wie rechtliche Kontrolle, mit strengster Ahndung, wenn es zur Verletzung der Bürgerrechte kommen sollte.

Was wiederum lehrt uns das drittens? Transparenz ist Voraussetzung für Kontrolle. Edward Snowden führt es vor: Sein Dokumentenschatz ermöglicht in der westlichen, der demokratischen, der rechtsstaatlichen Welt die radikale Reform von Geheimdienstgesetzen, Geheimdienstpraktiken und Geheimdienstkontrollen.

Ist Edward Snowden ein Verräter? Verraten hat er wohl: Verräter nämlich, Verräter an Demokratie und Rechtsstaat.

Ist Edward Snowden ein Held? Er ist ein Bürger mit der Courage, für die bürgerlichen Freiheitsrechte einzustehen und sich dadurch selbst in Gefahr zu bringen – ein Widerständler gegen den Totalitarismus in den westlichen Demokratien, ein westlicher Dissident.

Totalitarismus in den westlichen Demokratien: Gibt es das?

Milliardenfach elektronische Kommunikation erfasst! Angela Merkel abgehört! Papst abgehört! Und was immer noch aufgedeckt werden mag. Vielleicht demnächst: Beichtstühle verwanzt.

Die Überwachung ist total. Nicht nur in den USA, die an der Spitze des totalitären Fortschritts marschieren – in eine schöne neue Welt, in der sich NSA und Google gute Nacht sagen.

Eric Schmidt, Executive Chairman von Google, hat die Rechte des Bürgers in dieser schönen neuen Welt trefflich formuliert: »Wenn es etwas gibt, von dem Sie nicht wollen, dass es irgendjemand erfährt, sollten Sie es vielleicht gar nicht tun.«

Wie hätte es Stasi-General Erich Mielke zu DDR-Zeiten formuliert? Wohl so: »Brave Parteisoldaten haben nichts zu befürchten.«

Die totalitäre Mentalität ist dieselbe. Ob einst Erich Mielke, ob heute Google-Chef Eric Schmidt oder US-Geheimdienstchef James Clapper: Die Putschisten sind unter uns.

»Sonntagsblick«, 3. November 2013

Auf einen Espresso mit Frank A. Meyer und Marc Walder
Über Thilo Sarrazin und die Mühen deutscher Linker mit der Demokratie

Sagen Sie mal, Frank A. Meyer, seit fünf Jahren laden Sie zur Matinee ins Berliner Ensemble: Im einstigen Theater von Bertolt Brecht empfangen Sie sonntags Gäste, seit drei Jahren in Co-Moderation mit dem Chefredaktor des Ringier-Magazins »Cicero«. Vorletzten Sonntag war Ihr Gast der viel beachtete Autor Thilo Sarrazin, früher Finanzsenator in Berlin und Vorstand der Deutschen Bundesbank. Es kam nicht zum Gespräch, dafür zum totalen Eklat. Bisher nahmen Sie dazu nicht Stellung. Was geschah an jenem Morgen?

Sarrazin war schon einmal mein Gast im Berliner Ensemble. Da geschah gar nichts. Inzwischen ist er wegen seiner Bestseller sehr umstritten. Im ersten Buch setzte er sich sehr kritisch mit Deutschlands Ausländerpolitik auseinander, insbesondere mit der islamisch geprägten Einwanderung. Sein aktuelles Werk beschäftigt sich mit der Medienszene und ihrem Tugendterror. Sarrazin hat selbst darunter gelitten, er ist systematisch stigmatisiert und dämonisiert worden.

Bevor Sie ihm die erste Frage stellen konnten, eskalierte die Situation bereits. Schildern Sie, wie Sie den Tumult erlebt haben.

Zunächst mit Verwunderung. Sehr junge Musliminnen hielten selbst gemalte Protestplakate hoch und begannen, aus Leibeskräften zu brüllen; das war die eine Seite, rechts von mir; links im Saal buhten und pfiffen Linksextremisten, einer mit Trillerpfeife; auf der Empore saß der Dirigent dieser völlig stupiden Kakofonie. Ich versuchte, mit einzelnen Störern zu reden; die wollten aber nicht reden, sie hatten nichts zu sagen. Ihre Argumente erschöpften sich in beleidigenden Parolen. Schließlich erklärte mir einer: »Es geht uns gar nicht ums Reden, sondern nur darum, diese Veranstaltung zu verhindern.« Das gelang, obschon die Verantwortlichen des legendären Theaters sich abmühten, die Meinungsterroristen davon zu überzeugen, doch bitte an der anschließenden Diskussion teilzunehmen und uns bis dahin unser Gespräch mit Sarrazin führen zu lassen.

Ist es denn nicht verständlich, dass Sarrazins Thesen solch große Emotionen hervorrufen?

Nur wenn man die seit Jahren laufende Kampagne der Medien gegen Sarrazin als Faktor mit einbezieht, eine Kampagne, die so gut wie gar nicht auf seine Bücher eingeht.

Was verstehen Sie unter »Kampagne der Medien«?

Sarrazins Thesen verdienen durchaus Kritik, teilweise sogar scharfe Kritik. Aber er sagt auch völlig Richtiges; vor allem sagt er nichts Rassistisches. Es wird ihm beispielsweise vorgeworfen, den Islam als entwicklungshemmende Religion zu sehen, die der Integration der jungen Muslime, insbesondere der muslimischen Mädchen, im Wege stehe; es wird ihm vorgeworfen, Intelligenz als vererbbar zu betrachten; es wird ihm vorgeworfen, Kulturen nach ihrem Entwicklungsstand zu unterscheiden, also nicht als gleich zu betrachten – darunter wiederum die islamische Religionskultur als besonders zurückgeblieben. All das darf von Sarrazin nicht gesagt werden, schon gar nicht in Berlin.

Wer seine Positionen derart klar zum Ausdruck bringt wie er, muss doch damit rechnen, ausgebuht, ja niedergeschrien zu werden!

In einem demokratischen Land müsste er damit rechnen dürfen, diskutiert zu werden, nicht niedergeschrien. Von den Störern am Sonntag, lieber Marc Walder, kannte keiner auch nur eine Zeile aus Sarrazins Büchern. Genauso verhält es sich mit vielen Journalisten, die nicht müde werden, ihm Aussagen zu unterstellen, die er nie gemacht hat. Auch sie haben ihn nicht gelesen.

Sie, Frank A. Meyer, haben Sarrazins Bücher gelesen. Wie finden Sie das Bild, das er von Deutschland zeichnet?

Auf jeden Fall spitzt Sarrazin zu. Und gelegentlich übertreibt er. Zudem ist er ein penibler bis manischer Faktensammler, der seine Fakten gern auch in Bezüge zueinander setzt, die doch eher zweifelhaft sind.

Nennen Sie ein Beispiel.

Er leitet seine These zum deutschen Tugendterror vom mörderischen Terror des Wohlfahrtsausschusses während der Französischen Revolution ab, also von totalitären Figuren wie Robespierre und Saint-Just.

Was wäre daran auszusetzen?

Gerade die Entwicklung der deutschen Demokratie lässt sich schlecht in diesen Geschichtsstrang einordnen. Deutschlands verspätetes Bürgertum bezog sich kaum je auf »Liberté, Égalité, Fraternité«; es war auch kein revolutionäres, sondern eher ein verunglücktes Bürgertum. Und es hatte schon immer seine ganz spezifischen Mühen mit dem demokratischen Rechtsstaat. Vor allem hat es seine ganz eigene Terrorgeschichte, unter der vor 70 Jahren bekanntlich die ganze Welt leiden musste.

Was schließen Sie daraus?

Sarrazins stets intelligent vorgetragene Überzeugungen sind eben auch nur Überzeugungen. Wo er recht hat, hat er recht, wo er unrecht hat, hat er unrecht. Diesen Mann so zu verhetzen, dass er sich in der Öffentlichkeit nur mit Bodyguards bewegen kann, ist ein Skandal. Sollte Sarrazin im aufgeheizten Klima etwas zustoßen, werden die deutschen Medien Fragen zu beantworten haben, denen sie sich besser heute schon stellen würden.

Ist es nicht zu einfach, die Proteste gegen Sarrazin nur als Resultat der Art und Weise zu sehen, wie die Medien über ihn und seine Bücher berichten?

Ich stelle meinen deutschen Kollegen stets dieselbe Frage: Woher haben diese dummen Linksextremisten und diese dummen Pöbel-Migranten ihre Meinung über Sarrazin? Vom Himmel hoch? Aus innerer Eingebung? Durch Nachdenken gar? Nein, sie können ihren blinden Hass nur aus Medienberichten abgeleitet haben.

Bitte dazu ein Beispiel.

Ich gebe Ihnen gleich zwei: Die Berliner »Tageszeitung« wünschte Sarrazin, dessen Gesicht ja einseitig gelähmt ist, nichts weniger als den Tod: »Der nächste Schlaganfall möge sein Werk gründlicher verrichten.« Dafür muss die TAZ jetzt 20 000 Euro zahlen. In der »Frankfurter Rundschau« wurde »die Verplemperung unserer Fernsehgebühren für diese lispelnde, stotternde, zuckende Menschenkarikatur« angeprangert, gemeint war ebenfalls Sarrazin, der durch die Gesichtslähmung beim Sprechen behindert ist. Die Autoren der Texte heißen Deniz Yücel und Mely Kiyak. Die »Tageszeitung« und die »Frankfurter Rundschau« betrachten sich als linke Zeitungen. Da wird eine Sprache geführt, wie sie einst das Naziblatt »Der Stürmer« einsetzte: Auf solche Weise wurden Juden als Untermenschen karikiert. Dass dies in der linken Medienszene heute möglich ist ohne linken Aufschrei, auch ohne liberalen Aufschrei, überhaupt ohne Aufschrei – das weckt Zweifel an der demokratischen Kultur Deutschlands.

Trotz allem »Tugendterror« tritt Sarrazin immer wieder im Fernsehen auf.

Er ist auch bei mir aufgetreten.

Eben.

In meiner Sendung »vis-à-vis« führte ich ein intensives Gespräch mit ihm. Dabei wirkte er sympathisch; überhaupt wirkte er sehr menschlich, leider immer auch ein bisschen grimmig, denn er kann wegen seiner Lähmung kaum lächeln.

»Cicero« will das vor einer Woche geplatzte Podiumsgespräch zwischen Sarrazin und Ihnen ja wiederholen…

…weil wir uns, wie der Intendant des Berliner Ensembles Claus Peymann formulierte, von »nazihaftem Gepöbel« nicht vorschreiben lassen, was wir als Journalisten tun dürfen. Das ist ja einer der zentralen Punkte dieses Skandals!

Erklären Sie!

Nicht nur Sarrazin wurde am Reden gehindert. Mit ihm wurden zwei »Cicero«-Journalisten, neben mir Alexander Marguier, daran gehindert, ihre Arbeit zu tun – uns wurde durch Meinungsterroristen das Wort verboten. Das ist der zweite Punkt der Ungeheuerlichkeit. Der dritte ist kaum weniger ungeheuerlich: Die Aktion wurde vom Berliner SPD-Vorsitzenden Jan Stöß auf Twitter ausdrücklich gelobt, ebenso von der Piratenpartei, ebenso von diversen Politikern der Grünen.

Wie fanden Sie das?

Was sich da zeigte, war mehr als ein lokaler Eklat. Es manifestierte sich plötzlich mitten in Deutschlands Hauptstadt ein demokratiefeindlicher Ungeist, den man von Muslimen vielleicht noch verstehen könnte. Von Sozialdemokraten, von Linken und Grünen, von Linksliberalen, von etablierten deutschen Politikern ist das inakzeptabel!

»Schweizer Illustrierte«, 10. März 2014

Auf einen Espresso mit Frank A. Meyer und Marc Walder
Über eine Soap-Opera namens »Carlos«

Sagen Sie mal, Frank A. Meyer, haben Sie in Berlin vom Fall Carlos gehört? Von diesem jungen Delinquenten, der das Delinquieren offenbar nicht lassen kann?

Ich habe über Wochen versucht, diese bizarre Zürcher Posse en détail nachzuvollziehen, also zu verstehen. Es ist mir nicht gelungen. Geblieben ist mir der Begriff »Sondersetting«, der offenbar das sehr spezielle Betreuungsumfeld meint, welches man eigens für dieses Bürschchen geschaffen hat; geblieben sind mir auch die horrenden Summen, welche die Sorge um das seelische Wohl des jugendlichen Messerstechers verschlungen hat. Ferner habe ich noch einen besonders einfältigen Satz des Psychotherapeuten Martin Miller in Erinnerung.

Nämlich?

Er wirft dem Zürcher Justizdirektor Martin Graf charakterliche »Ähnlichkeiten mit Carlos« vor.

Der Justizdirektor, ein Mitglied der Grünen, steht massiv unter Druck. Ihm wird von allen Seiten vorgeworfen, komplett die Kontrolle über den Fall verloren zu haben…

…Martin Graf ist nur einer der vielen überforderten Darsteller in dieser unsäglichen Soap-Opera.

Aber er ist ein wichtiger Darsteller.

Er gibt den Narren im Drama namens »Carlos«. Die Rolle des Narren ist im Theater oft sehr wichtig. Aber um Graf geht es längst nicht mehr. Es geht nicht einmal mehr um diesen Carlos.

Sondern? Worum geht es?

Es geht darum, dass unsere Sozialindustrie total entgleist.

Sozialindustrie? Entgleist? Was wollen Sie damit sagen?

Täter sind mittlerweile die Helden aller linksgrünen Sozial-
und Seelen-Flickschuster. Um die Delinquenten, wie Sie sagen, kümmert man sich mit einer Hingabe, von der die Opfer,
die es ja irgendwo auch immer noch gibt, nur träumen können. Die Carlosse sind die Helden einer Sicht auf die Gesellschaft, die in jedem, der sticht und stiehlt und schlägt und
schändet, letztlich nur das Opfer böser Rahmenbedingungen
sieht. Der Zürcher Heros, den wir ja stets mit nacktem Ober-
körper sportgestählt vorgeführt bekommen, passt wunderbar
in dieses Schema vom tollen Kerl, der leider, leider »sozial ver-
unglückt« ist – wie sich Psychotherapeut Miller mit der Milde
des Täterverstehers auszudrücken beliebt.

*Sie argumentieren hart. Der Versuch der Wiedereingliederung
von jugendlichen Straftätern ist doch eine wichtige Errungenschaft.*

Sicher. Gegen soziale und psychologische Betreuung von Delinquenten ist nichts einzuwenden. Ganz im Gegenteil. Aber
das kann nicht, ja darf nicht 29 000 Franken pro Monat kosten
und auch nicht 19 000! Mit solchen Summen wird eine wild
wuchernde Branche gepäppelt.

*Diese Summen sind in der Tat atemberaubend. Was würden Sie
denn mit Tätern vom Typ Carlos machen?*

Erstens Gefängnis. Zweitens Betreuung. Drittens Begleitung
in der wiedergewonnenen Freiheit. Viertens – wenn all das
nicht funktioniert – wieder Gefängnis. Fünftens wieder Be-

treuung. Sechstens wieder Begleitung in der erneuten Freiheit. Klappt auch das nicht – ein drittes Mal Gefängnis. Bis die Lektion gelernt ist.

»Schweizer Illustrierte«, 17. März 2014

Im Marktradikalismus ist Glück nicht vorgesehen
Über Kapitalismus und Demokratie

Jakob Augstein: Die Demokratie, von der Sie sprechen, funktioniert meiner Meinung nach nicht mehr, weil die politische Willensbildung, in der um Wahrheit und Wahrhaftigkeit gerungen wird, nicht mehr funktioniert. Wir sind heute weitgehend ökonomischen Strukturen und Einflüssen und Mächten ausgeliefert, die vollkommen unabhängig von unserer öffentlichen Debatte handeln. Diese Strukturen sind von den demokratischen Institutionen – Parlament, Regierung, Justiz – auch nicht zu fassen. Das internationale Finanzwesen oder das weltumspannende Bespitzeln der Geheimdienste sind solche Strukturen, die weitgehend unsichtbar bleiben, aber unser aller Leben massiv bestimmen. In Krisen oder nach Enthüllungen wie durch Edward Snowden fällt kurz ein Lichtstrahl auf diese Strukturen, aber dann geht das Licht wieder aus und alles bleibt beim Alten. Das ist eine sehr beunruhigende Entwicklung. Und wir sitzen hier, führen Gespräche und halten uns für frei und autonom. In Wahrheit ist es eine Scheinfreiheit und Scheinautonomie.

Frank A. Meyer: Bevor ich meine Meinung dagegensetze: Wenn Sie das so sehen, warum tun Sie dann überhaupt etwas? Weshalb ziehen Sie sich nicht nach Südfrankreich zurück und führen ein tolles Leben? Ich habe in meinem ganzen Leben keinen meiner Artikel – und ihre Zahl geht in die Tausende – mit

Hoffnungslosigkeit enden lassen. Oft hätte mir ein resignativer Schluss eine Pointe ermöglicht, aber ich funktioniere nicht so. Ich bin zutiefst davon überzeugt, dass man etwas tun muss. Sie tun ja auch etwas. Sie rollen, um mit Camus zu reden, mit Ihrer Zeitung jeden Donnerstag einen Stein auf den Berg.

Es ist alles richtig, was Sie sagen. Die Zahl der Menschen, die Ihre Meinung teilen, ist gestiegen. Die Argumente liegen offen zutage. Das Wissen über die Verhältnisse ist kein Geheimwissen mehr, sondern Allgemeinwissen. Trotzdem macht das System genauso weiter wie bisher, es hat sich sozusagen imprägniert. Ich bezweifle, dass das früher auch so war. In meiner Vorstellung von der Vergangenheit haben geistige Debatten und politische Bewegungen in die Räderwerke solcher Systeme eingreifen, die Maschinen kurzfristig anhalten und auf einen anderen Kurs bringen können. Heute laufen die Maschinen auf unheimliche Weise, wie von unsichtbarer Hand gesteuert, weiter. Das gibt dem Ganzen eine surreale, gruselige Grundstimmung.

Ich werde mit zunehmendem Alter radikaler. Unsere Debatten sind ein Kräuseln an der Oberfläche. Wir erfüllen damit auch eine Funktion, wir stabilisieren das System, indem wir den Schein von Kritik aufrechterhalten, die dieses System dringend braucht. Aber wir stabilisieren die falschen Verhältnisse!

Ich finde es besser, radikal zu sein, wenn man jung ist. Aber das ist ein anderes Thema. Die Strukturen, von denen Sie sprechen, hatten wir immer schon. Früher war es der militärisch-politische Komplex, heute ist es der internet-politische Komplex. Der Bewusstseinsprozess zur Demontage dieser Komplexe ist nicht auf zweitausend Jahre angelegt, sondern für meine Vorstellung auf zehn Jahre. So lange werden wir brauchen, um mit diesen Strukturen fertig zu werden. Wir sind keineswegs so ohnmächtig, wie Sie glauben. Es stimmt zwar, dass die Finanzwirtschaft in den rechtsfreien Raum, den die Globalisierung geschaffen hat, vorgedrungen ist, aber diese Finanzwirtschaft ist durchaus fassbar in der Gestalt ihrer Protagonisten – den Bankern und Managern großer Unternehmen. Die Politik kann mit diesen Leuten reden. Sie kann Banken und Unternehmen Zügel anlegen.

Banker und Manager interessieren sich nicht für das Gedeihen der Demokratie.

Viele interessieren sich nicht dafür. Funktional bildet die Wirtschaft im Grunde genommen einen Gegenpol zur Demokratie, weil sie autoritär organisiert ist. Da ist die Analyse von Marx immer noch richtig. Marx war überhaupt in der Analyse sehr stark. Aber richtig ist auch, dass der Rechtsstaat als Rückgrat der Demokratie über der Wirtschaft steht. Die Politik kann Banken verstaatlichen. Die Deutsche Bank wird seit Jahren kräftig subventioniert – sie ist eine vom Staat geschützte Institution. Und genießt im Markt deshalb ein Vertrauen, das sie gegenüber anderen Banken bevorteilt. Sie trägt auch den Namen »Deutsche Bank«, also Deutschlands Bank. Mit der Marke »Deutsch« treibt sie seit Jahren Schindluder. Sie beschädigt den Ruf Deutschlands als ehrbare Nation. Die Politik könnte sich dieser Sache annehmen. Ja, die Politik hat mehr Macht, als gemeinhin angenommen wird. Sie muss die Banker und Manager mit der politischen Macht konfrontieren, muss sie als scheinbar Allmächtige entzaubern. Sie muss sie entlarven: als jämmerliche Söldner. Sie verfügen nicht über die Produktionsmittel, sie stehen nicht mit eigenem Kapital in der Verantwortung, ihre gesellschaftliche Position entspricht der von Kleinbürgern: nicht unten, aber auch nicht wirklich oben. Um diese fatale

Identität auszuhalten, benötigen sie eine Ideologie. Und das ist der Neoliberalismus, der Marktradikalismus, eine Ideologie für unkultivierte Typen, für Neureiche. Das neoliberale Dogma, wonach es allen gut geht, wenn man alles dem Markt überlässt, ist die Vorstellung vom Abendmahl der Superreichen: Sie sitzen am üppig gedeckten Tisch. Und je mehr sie haben, desto mehr Brosamen fallen unter den Tisch. Die einfachen Menschen sitzen unter dem Tisch und kriegen etwas ab. Für das perverse Bild gibt es einen ökonomischen Begriff: den der »Trickle-down-Theorie«. Das ist die Theorie dieser Leute. Es ist eine Religion. Dem Klerus dieser Religion ist es in den vergangenen zwei Jahrzehnten gelungen, die bürgerliche Gesellschaft zu erschüttern, in finanzwirtschaftlichen Fragen sogar auszuhebeln.

Weshalb eigentlich wurden die Politiker in den letzten zwanzig Jahren so sehr entmachtet?

Das geht auf den Fall des Eisernen Vorhangs zurück. Bis 1989 waren Politik und Wirtschaft durch die gemeinsame Angst vor dem Kommunismus geeint. Diese Angst war ja auch nach dem, was wir heute über das Innenleben der kommunistischen Staaten wissen, nicht unberechtigt. Wirtschaft und Politik bildeten ein Lager gegen einen gemeinsamen Feind. Wenn man aufeinander angewiesen ist, macht man mehr Zugeständnisse als zu normalen Zeiten. Die Wirtschaft machte sie zum Beispiel auf dem sozialen Feld.

Das heißt, die russischen Panzer haben vor allen Dingen unseren Sozialstaat verteidigt?

Richtig. Eine Bieler Sozialistin hat einmal zu mir gesagt: »Ich hasse Stalin. Aber ohne ihn hätten wir keine Sozialversicherung.« Mit dem Fall der Mauer brach das Bündnis von Politik und Wirtschaft auseinander. Die Wirtschaft gebärdete sich in den Folgejahren immer ungezügelter. Es kommen noch einige Faktoren hinzu, aber mit »1989« hat es seinen Anfang genommen.

Doch es ist ja nicht nur so, dass die Politiker durch die Wirtschaft entmachtet wurden. Sie haben sich auch selbst entmachtet. Nehmen Sie Toni Blair. Dieser Star der Linken hat in Europa die Entwicklung eingeleitet, den Managern des Marktes willfährig zu sein. Denken Sie an den ersten Boom mit den Startup-Unternehmen und den zweiten Boom mit den Derivaten, auf den die Immobilienkrise folgte. Wir erleben die schlechten Nachwirkungen der Politik der allerjüngsten Vergangenheit. Diese Politik hat sich noch nicht völlig überlebt. Wir benötigen eine andere Sorte von Politikern, um den Neoliberalismus wirklich zu überwinden. Wenn wir diese offene, bürgerliche Gesellschaft erhalten wollen, wenn wir wollen, dass diese Demokratie funktioniert, braucht es neue Leute: stolze und selbstbewusste und unabhängige Politikerinnen und Politiker.

Die Verantwortung der Politiker, die Sie ansprechen, ist ein interessanter Punkt. Sie macht für mich das Ganze noch unheimlicher. Die Politiker könnten sich ihrer Ohnmacht gegenüber den Systemen bewusst sein, wenn sie es denn wollten. Stattdessen verteidigen sie die Verhältnisse, indem sie unsere Situation mit der Situation in anderen Teilen der Erde vergleichen: »Schaut doch mal in den Mittleren Westen der USA oder nach Russland oder nach Pakistan – wollt ihr etwa leben wie die Menschen dort? Seid froh über eure Rechte und die soziale Sicherheit, die ihr genießt.« Aber dieser Vergleich ist unzulässig, weil der Mittlere Westen der USA

oder Pakistan kein Maßstab für uns sind und niemals sein kön-
nen. Unser System schützt eine Freiheit, die vor allem eine Frei-
heit zu konsumieren ist. Politisch sind wir keineswegs frei. Wir
sind auf dem Weg in eine Konsumgesellschaft, vor der die radikale
Linke in den sechziger und siebziger Jahren gewarnt hat. Sie und
ich mögen diesen Typus des radikalen Linken nicht, der immer
schlecht gelaunt ist und mit mürrischem Gesicht vor dem Kapita-
lismus, McDonalds, dem Konsum und der Manipulation durch
Werbung warnt. Aber inzwischen glaube ich, dass diese Leute
recht haben. Schauen Sie sich doch einmal an, wie tief die Kon-
sumgüterindustrie inzwischen in das private Leben der Menschen
eindringt. Die Leute können es gar nicht erwarten, immer mehr
bevormundet zu werden. Wenn ein neues iPhone auf den Markt
kommt, campieren sie im Schlafsack vor den Läden. Das ist die
Realität!

Das sind sehr junge Leute. Ich bin auch angestanden für eine
neue Single von Elvis Presley. Übrigens muss man hier gar
nicht die missgelaunten Linken zitieren, das hat eine sehr be-
eindruckende Persönlichkeit vorausgesagt, der italienische
Schriftsteller und Filmemacher Pier Paolo Pasolini. Er hat Anfang der siebziger Jahre in seinen »Freibeuterschriften« geschrieben, der Konsumismus sei ein Faschismus. Das war eine
hellsichtige Analyse. Für die Gegenwart würde ich nur ein
Wort austauschen: Der Marktradikalismus ist zu Teilen ein Faschismus. Er definiert den Menschen ausschließlich als Produzenten und Konsumenten von Gütern. Er erniedrigt den
Menschen zum rein ökonomischen Faktor. Er entmenschlicht
den Menschen. Im Marktradikalismus ist so etwas wie Glück
nicht vorgesehen. Das Raffinierte am Marktradikalismus ist,
dass er vorgibt, das Individuum im Blick zu haben, aber in
Wahrheit sieht er die Menschen als Masse, die es über den

Markt zu manipulieren gilt – dienstbar zu machen für die Herrschenden der Ökonomie. Darin erblicke ich einen faschistischen Zug des angelsächsischen Markradikalismus.

Der Neoliberalismus der Ökonomen Friedrich August von Hayek und Milton Friedman plädiert vulgärdarwinistisch für die Macht des Stärkeren, wie es schon der Faschismus getan hat. Er verachtet das Schwache. Wer im System dieses Kapitalismus scheitert, fällt aus dem System heraus, wird ausgegliedert und ausgegrenzt. Er wird zum ökonomisch unnützen Leben – zum unwerten Leben, buchstäblich. Für Neoliberale ist jeder seines Glückes Schmied, also auch seines Unglückes Schmied. Auch darin steckt ein Stück Faschismus: Das Leben soll ein täglicher Kampf sein, den ein Mensch entweder gewinnt oder verliert. Die Faschisten haben den Krieg als Menschen-Auslese betrachtet: Nur der Starke überlebt; die Neoliberalen substituieren den Krieg durch die ökonomische Auslese. Der »homo oeconomicus« ist die neue Rasse. Der Mensch als Rohstoff. Der »Rohstoffmensch«.

Im Neoliberalismus gibt es – im Unterschied zum Faschismus – keinen Rassismus.

Das stimmt. Der Neoliberalismus kann keine formale Ausgrenzung von Menschen und Völkern gebrauchen, er muss, will er Erfolg haben, global sein. Der Wert eines Menschen definiert sich für ihn nicht über die Rasse, sondern über seine ökonomische Nützlichkeit.

Der Kommunismus unterscheidet sich vom Faschismus, weil er eine positive Utopie hat.

Der Marxismus hatte die Abschaffung des Marktes zum Ziel. Er ging unter, weil er ökonomisch nicht erfolgreich war. Er konnte es zu keiner Zeit sein. Der Neoliberalismus will genau das Gegenteil, er strebt nach der völligen Entfesselung des Marktes. Beide Bewegungen haben einen holistischen Anspruch, sie verkünden eine Heilsbotschaft, eine Utopie. Nur in der kulturellen Ausprägung sehe ich Unterschiede: Der Kommunismus akzeptiert das bürgerliche System als Zwischenschritt auf dem Weg hin zur klassenlosen Gesellschaft. Er sieht in ihm einen Fortschritt, aber natürlich nicht das Ziel, nicht die Vollendung der Geschichte. Der Faschismus dagegen schaut hasserfüllt auf alles Bürgerliche. Es ist sein Feindbild schlechthin. Auch der Neoliberalismus ist eine zutiefst antibürgerliche Bewegung. Faschismus und Neoliberalismus wollen hinter die bürgerliche Gesellschaft zurück.

»Heilsversprechen« ist für mich ein Schlüsselbegriff. Ich habe mich gefragt, weshalb der Neoliberalismus eine so große Bedeutung erlangen konnte. Weshalb hat er mehr Anhänger als Begünstigte? Es finden mehr Leute seine Prinzipien gut, als von ihm ökonomisch begünstigt werden. Für mich liegt der Grund in diesem Heilsversprechen – der Neoliberalismus kommt nicht als finsterer Teufelskult daher, sondern er verspricht mehr Freiheit und mehr Wohlstand. Mit der Deregulierung des Marktes, so lautet ungefähr das Versprechen, kommt im Hafen, wo die Leute auf ihren Booten festsitzen, frischer Wind auf, öffnet sich ein Ozean ungeahnter Möglichkeiten. Das ist ein großes Versprechen, eine positive Vision.

Die Demokratie ist das Gegenteil eines Heilsversprechens. Sie relativiert die Heilsversprechen, indem sie diese in Beziehung setzt zu anderen Heilsversprechen – indem sie den Konflikt der Heilsversprechen untereinander erzwingt, sie unter das Maß der Vielheit, des Pluralismus, zwingt. Im Gegensatz zum Pathos quasireligiöser Verheißungen ist Demokratie banal. Es ist zweifellos attraktiver, den Heilsversprechen der Marktradikalen Glauben zu schenken. Dass es sich dabei um eine Lüge handelt, dass der Einzelne, kaum ist er mit seinem Schiff aus dem Hafen gefahren, in diesem Ozean kentern und untergehen wird, muss man ihm erst einmal erklären.

Der Neoliberalismus usurpiert den Begriff der Freiheit. Auch die Kommunisten haben ihn benutzt und usurpiert. Der Neoliberalismus führt schnurstracks in die Knechtschaft.

Das Problem entsteht in dem Augenblick, da der Kapitalismus zur Religion wird. Dann gibt es keine sozialen Größen mehr, die ihm etwas entgegenstellen könnten – der Staat, die Gesellschaft, letztlich der öffentliche Raum überhaupt. Die Leute sitzen der Illusion auf, ihre Freiheit und ihr ökonomischer Erfolg lägen ganz in ihrer Hand, ihr Lebensglück sei keine öffentliche, sondern eine private Angelegenheit und Möglichkeit. Die Privatisierung des Lebens ist dem Kapitalismus immanent.

Der Neoliberalismus zerstört das Bewusstsein, dass der öffentliche Raum unverzichtbar ist, um einer Gesellschaft Regeln zu geben und die Schwachen in dieser Gesellschaft zu schützen.

Eine zweite problematische Entwicklung kommt zur Privatisierung durch den Kapitalismus hinzu und verschränkt sich mit ihr: Der Einzelne wird nicht nur zum ökonomischen Objekt, sondern auch zum Überwachungsobjekt irgendwelcher »Dienste«. Es werden Informationen über ihn gesammelt, um sein vergangenes Verhalten zu interpretieren und sein künftiges zu extrapolieren, um es dadurch zu manipulieren – im ökonomischen Interesse und im Interesse der Sicherheit. Die Sicherheitssysteme, von denen wir dank Snowden und anderen Kenntnis bekommen haben, sind keine öffentlichen, demokratisch kontrollierten Systeme, sondern

Oligarchien mit einem kurzen Draht zur Wirtschaft. Die Steuerung des privaten Lebens wird zur Sache Weniger.

In der Diskussion über die NSA fand ich interessant, dass es zu keinem Sturm der neoliberalen Propheten gegen diese Überwachung kam.

Weil sich damit Geld verdienen lässt.

Genau. Der Sicherheitskomplex ist zu einem Teil des ökonomischen Machtkomplexes geworden.

Hat das Bürgerliche denn unter diesen Bedingungen eine Überlebenschance? Wir sehen doch gerade zu, wie das Bürgerliche zerbröselt.

Es ist zweifellos gefährdet. Es war schon durch den Faschismus gefährdet. In Deutschland hatte es sogar vor dem Faschismus kapituliert. Man kann sagen, dass es zum Komplizen des Verbrechens wurde.

»Kapitulation« klingt mir ein bisschen zu schwach. Es hat sich lustvoll in den Faschismus hineinbegeben.

Das Bürgertum ist immer gefährdet, weil die bürgerliche Gesellschaftsordnung mit ihren verschiedenen Elementen – Demokratie, Rechtsstaat, Gewaltenteilung, Meinungs- und Pressefreiheit – sehr, sehr anspruchsvoll ist. Ich rede von großartigen Errungenschaften, deren Krux darin liegt, dass sie immer wieder neu gestaltet und gesichert werden müssen. Die Entstehung des Faschismus gründete auf dem Versuch, hinter die bürgerliche Gesellschaft zurückzugehen, hinter die Französische Revolution, hinter die Aufklärung, ohne dabei wieder in der feudalen Gesellschaft zu landen. Heute erleben wir mit dem Marktradikalismus den Versuch der Abkoppelung:

Die Wirtschaft soll als Gegenwelt zur Demokratie nach eigenen Gesetzen funktionieren. Das Prinzip des Kapitalismus gehört aber zum Prinzip der Demokratie, zum Prinzip der Freiheit. In einer freiheitlichen Gesellschaft können Sie, lieber Jakob Augstein, mit Ihrem Vermögen ganz private Dinge tun, beispielsweise können Sie eine Zeitung kaufen. Man kann nicht sagen: »Wir wollen Freiheit, aber keinen Kapitalismus.« Freiheit und Kapitalismus bedingen einander. Doch in seinem Kern ist der Kapitalismus antidemokratisch, weil autoritär strukturiert. Er steht im Widerspruch zum demokratischen Gedanken und zum demokratischen Ganzen, das den Kapitalismus überwölbt.

Die Demokratie käme auch mit deutlich weniger Kapitalismus aus. Mit einem demokratisch eingehegten Kapitalismus.

Den haben wir doch.

Wir haben keinen demokratischen Kapitalismus. Wir haben einen Kapitalismus, der nach den Regeln der Macht funktioniert, nicht nach den Regeln der Demokratie. Ich halte es übrigens deswegen für eine Täuschung oder vielleicht auch eine Selbsttäuschung, dass der Ukraine-Konflikt auch als ein Konflikt zweier Kapitalismus-Modelle gesehen wird, als ein Kampf des autoritären gegen den liberalen, demokratischen Kapitalismus.

Was ist denn für Sie demokratischer Kapitalismus?

Auf der Universität wurde mir noch beigebracht, dass man nur überall den Kapitalismus installieren müsse, die Demokratie folge automatisch nach. Diese Auffassung hat sich als Irrtum erwiesen. Der Kapitalismus hat nicht zwangsläufig die Demokratie zur Folge, er kommt sogar sehr gut ohne die Demokratie aus. Dass die

Demokratie den Kapitalismus braucht, bezweifle ich; sie braucht bestimmte Mechanismen von ihm. Der Kapitalismus ist ein System zur Ressourcenallokation, nicht mehr und nicht weniger. Eine Technik, aber kein Inhalt. Dagegen hat die Demokratie sehr wohl einen Gehalt. Der demokratische Kapitalismus wäre einer, wo das kapitalistische Wirtschaftssystem in ein demokratisches Gehäuse eingebettet ist. Die private Wirtschaft entscheidet weitgehend über die Allokation der Mittel, aber das wirtschaftliche Handeln erfolgt innerhalb einer demokratischen Ordnung.

Ich glaube, dass Kapitalismus zur Freiheit und zur Emanzipation der Menschen gehört.

… so hat man, glaube ich, früher gedacht. Aber das ist ein Irrtum. Singapur ist zum Beispiel ein Staat, in dem der Kapitalismus fantastisch funktioniert, aber bestimmt keine Demokratie im bürgerlichen Sinn. Ich glaube nicht, dass wir dort leben wollen.

Singapur ist zwar ein Staat, aber ein Stadtstaat. Sie können ihn nicht mit einem Staat europäischer Prägung vergleichen. Dort braucht die Demokratie eben etwas länger. Der Kapitalismus ist bestimmt nicht der Urgrund von Demokratie. Es verhält sich umgekehrt: Demokratie strukturiert Freiheit. Und zur Freiheit gehört meine Freiheit zu wirtschaften …

… die Freiheit in der Demokratie findet dort ihre Grenzen, wo sie anderen Menschen schadet. Dagegen ist die Freiheit im Kapitalismus eine grenzenlose. Die Kapitalisten schert nicht der Schaden, den sie anrichten. Das ist nach meiner Überzeugung der Grund dafür, dass die Demokratie dem Kapitalismus übergeordnet sein muss.

Da sind wir uns einig.

Frank A. Meyer
Gegengesellschaft

Das Angebot soll alles umfassen, was das Elternherz begehrt: Ballett, Reiten, Yoga, natürlich Musikunterricht und Nachhilfeunterricht, aber auch die Bereitstellung von Nannys, von Anwälten und Eventmanagern für den Kindergeburtstag. Versteht sich, dass Chauffeure zur Verfügung stehen. Sogar von Sicherheit ist die Rede. Von Bodyguards?

Die Institution heißt »Villa Ritz«, residiert in einem herrschaftlichen Bau in Potsdam und ist – eine Kita. Eine Ritz-Kita! Dem Nobelhotel Ritz-Carlton in Paris nachempfunden, dessen Doppelzimmer an der Place Vendôme 710 Euro pro Nacht kosten, die Junior-Suite 200 Euro mehr. Noch mehr kostet, pro Monat, der Luxus-Kita-Platz in der »Villa-Ritz« in Potsdam: 980 Euro. Die Fünf-Sterne-Kita ist für Besserverdienende gedacht, bei Ausschöpfung aller dargebotenen Extras sogar für Bestverdienende.

Der Sinn der exklusiven Kindertagesstätte liegt auf der Hand: für die Kleinen der Großverdiener nur das Beste. Sowie das Allerbeste: Die Kids aus den wohlbestallten Familien bleiben unter sich, säuberlich getrennt vom verderblichen egalitären Einfluss durch Kinder zweifelhafter, weil einkommensschwacher Herkunft.

Genau darauf läuft die gesellschaftliche Entwicklung weit herum im westlichen Europa hinaus: wir da oben, ihr da unten. Die Reichen und Superreichen basteln sich ihre eigene Welt – eine Parallelgesellschaft des Luxus und der Moden.

Hinter der banalen Feststellung »die Reichen werden immer reicher« steckt mehr als das statistisch erfassbare Auseinanderdriften der Einkommen. Es geht um die Absetzbewegung verwöhnter Vermögender vom gewöhnlichen Rest der Bevölkerung. Dazu gehört neben dem Ruf nach eigenen Kitas die Forderung nach Eliteuniversitäten. Und natürlich werden die Kids mit Kies längst in exquisiten Privatschulen gehätschelt.

So fällt auseinander, was eigentlich zusammengehören müsste: die bürgerliche Gesellschaft. Die war zwar schon seit je sozial geschichtet. Marx leitete aus diesem Umstand seine Theorie vom Klassenkampf ab. Doch das goldene Zeitalter des Bürgertums, die zweite Hälfte des vergangenen Jahrhunderts, widerlegte den finsteren Theoretiker: Menschen unterschiedlicher sozialer und kultureller Herkunft errichteten, gemeinsam streitend, eine moderne res publica. Sie schufen das Wunder einer Gesellschaft, in der alle Milieus miteinander zu tun hatten, sich im Alltag begegneten und sich mischten: auf der Straße, in den Kindergärten, in den Schulen, an den Universitäten, in der Armee, am Arbeitsplatz, in den Vereinigungen der Zivilgesellschaft – nicht zuletzt in den Institutionen der Politik.

Doch nun nährt der anschwellende Reichtum im entfesselten Kapitalismus bei dessen Nutznießern die Sehnsucht nach Privilegien: Neben eigenen Kitas, Schulen und Universitäten die eigene Infrastruktur mit eigenen Wohnvierteln, eigenen Kliniken, eigenen Members-only-Lokalen und eigenen VIP-Lounges, durch eigene Sicherheitskräfte geschützt, vom eigenen Fahrer in die eigenen Malls der Städte geleitet, aus denen man nach Shopping bei Gucci und Armani hinter abgedunkelten Scheiben wieder davonrauscht – ins eigene Schlaraffenland, wo der eigene Pool unter sanft rauschenden Bäumen türkisblau leuchtet, oder ins eigene City-Loft, wo die untergehende Sonne die blaue Stunde altrosa beglänzt.

Eigene Dörfer für die Kies-Klasse des neuen Jahrhunderts existieren bereits. Im geldseligen Alpenmonaco Schweiz beispielsweise der lauschige Uferort Walchwil am Zugersee, oder die Siedlungen Oberägeri, Wollerau, Freienbach, letztere am Zürichsee. Kantone locken mit steuerlichen Schalmeienklängen gezielt die Neureichen von Paris bis Petersburg in ihre Paradiese: Obwalden, Appenzell, Schwyz, immer mit dabei natürlich Zug.

Wer sich global wie lokal so behütet, so getrennt vor der wirklichen Wirklichkeit durch den eigenen Lebensfilm bewegt, dem fehlt die Lust am Engagement für die ferngerückte Gemeinschaft, für den fremd gewordenen Staat – ganz nach der ultraliberalen Devise: Jeder ist seines Glückes Schmied. Warum also über Steuern für die zahllosen weniger glücklichen Schmiede die Eisen aus dem Feuer holen? Absurd.

Die Parallelgesellschaft der neuen Reichen und ihrer Schönen ist in Wahrheit also eine Gegengesellschaft: eine coole antibürgerliche Machtelite, die sich nur abgehoben von der Restgesellschaft wohlfühlt – ja: feudal fühlt. Darauf läuft die Spaltung des demokratischen und sozialen Rechtsstaates nämlich hinaus: auf eine neofeudal gestimmte Luxusclique, die sich und ihren Nachkommen ein herrschaftliches Leben jenseits aller klassischen Bürgerpflichten einrichtet.

Wahre Bürgerlichkeit ist das Gegenteil solcher Traumwelten: Mischung der Menschen statt Entmischung, Integration der Schichten statt Segregation. Und zum Bürgerstolz zählte bisher: gleiche Bildungschance für alle – statt käufliche Bildung für eine pekuniär potente Elite.

Nach bürgerlichem Verständnis gehört zur wahren Elite nur der Citoyen, der sich über sein eigenes Wohlergehen hinaus ums gesellschaftliche Ganze bemüht – woher auch immer er stammen mag, von unten oder von oben, von links oder von rechts.

Die Herausforderung der bürgerlichen Gesellschaft – des Bürgertums! – kommt diesmal nicht mit Marx und Megafon daher, nein, sie schreitet und stöckelt auf edlen Sohlen: auf Budapester Golfern und Stilettos von Manolo Blahnik.

»Cicero«, 1. Mai 2007

Frank A. Meyer
Welchen Kapitalismus wollen wir?

Fast zwanzig Jahre nach dem Fall der Mauer in Berlin fällt nun eine Mauer in New York: die Wall Street. Auch die Wall Street hielt Menschen gefangen: in einer Geldideologie, die sich in ein Glaubensbekenntnis verwandelt hat, ja in eine Wirtschaftsreligion.

Wie ein Geschwür wucherte sie in den Köpfen von Managern, Politikern, Publizisten und Professoren. Das Konstrukt firmierte unter verschiedenen Begriffen wie Marktradikalismus, Neoliberalismus, Ultraliberalismus, hatte aber stets dieselbe Kernbotschaft: Alle Macht dem Markt.

Dazu musste die Macht zunächst dem Staat entwunden werden: Denn der Staat ist des Teufels, im Markt dagegen haust Gott. Das angestrebte Ziel: Nachtwächterstaat statt Sozialstaat!

Entsprechend klang das Vokabular: Die »unsichtbare Hand des Marktes« waltet über dem Wirtschaftsgeschehen, »belohnt« die Guten und »bestraft« die Sünder.

Im Markt liegen die Kraft und die Herrlichkeit – offenbar in Ewigkeit, denn auch jetzt, wo die Finanzkrise das Marktversagen offenkundig macht, murmeln die Fundamentalisten unablässig ihr Mantra von den »Selbstheilungskräften des Marktes«.

Einst predigten die Marxisten den Glauben an die Allmacht des Staates. Die Analogie von Ultraliberalismus und Marxismus ist unverkennbar – nur die Vorzeichen sind umgekehrt: Marktismus statt Marxismus.

Wie der Marxismus den klassenbewussten Proletarier, so propagiert auch der Marktismus einen neuen Menschen: den »homo oeconomicus«, den ganz seinem wirtschaftlichen Wohlergehen verfallenen »Marktteilnehmer«. Die simple Lehre gipfelte in dem Paradox: Egoismus ist Altruismus – wenn jeder nur an sich denkt, ist an alle gedacht.

Auf die Gesellschaft als Ganzes übertragen bedeutet das: Der Tisch der Wohlhabenden und Reichen und Superreichen ist üppig gedeckt; beim Verzehr ihres lukullischen Mahls fallen genügend Reste vom Tisch – für die einfachen Menschen, die unter dem Tisch hocken.

Seit Reagan und Thatcher eroberte der Ultraliberalismus die westliche Zivilisation: in den USA und Großbritannien ökonomisch, was die angelsächsische Welt heute zum Epizentrum der Finanzkatastrophe macht; auf dem europäischen Kontinent geistig, was sich in einem anhaltenden Abgesang auf den Staat ausdrückt.

Die ultraliberale Staatsfeindschaft richtet sich nicht etwa gegen autoritäre Regime wie China oder die Pinochet-Diktatur der siebziger Jahre in Chile, die vom Markt-Papst Milton Friedman persönlich beraten wurde – sondern gegen den bürgerlich demokratischen Staat.

Die neue Religion tut sich schwer mit der Demokratie, weil die ja nach dem Gleichheitsprinzip »one man, one vote« funktioniert. Das Demokratie-Ideal der Markt-Mullahs ist ein ganz anderes: »Aktionärsdemokratie« nennen sie es, gemäß dem uralten Ungleichheitsprinzip »wer mehr hat, hat auch mehr zu sagen«. Diesen Neofeudalismus suchte der neue Geldadel mit seiner Prätorianergarde aus Politikern, Publizisten und Professoren in der Öffentlichkeit durchzusetzen.

Friedrich August von Hayek, die herausragende Figur unter den Verkündern der ökonomistischen Botschaft, brachte seine Demokratieverachtung wie folgt auf den Begriff: Sie sei »ein durch das Erpressungs- und Korruptionssystem der Politik hervorgebrachtes System«, nichts als »ein Wort-Fetisch«.

Am 18. Januar 2005 lobte Angela Merkel den Religionslehrer in der »Financial Times« als philosophischen Freiheitshelden: »Friedrich August von Hayek hat die geistigen Grundlagen der freiheitlichen Gesellschaft im Kampf gegen staatlichen Interventionismus und Diktatur herausgearbeitet. In der Globalisierungsdebatte sind seine Ideen hochaktuell.«

Auch die deutschen Talkrunden wurden nicht müde, das Klagelied von der wirtschaftlich untauglichen Demokratie anzustimmen, die man endlich auf Trab bringen müsse, bis sie im Tempo der Wirtschaft ticke, am besten so wie die Finanzwirtschaft: rasch und radikal. Aus jener Zeit stammt die Manager-Devise: »Besser ein falscher Entscheid als kein Entscheid.« Wir besichtigen gerade die Verwirklichung dieses dumm-dreisten Spruchs.

Sind die schönen Tage von Wall Street, Londoner City und Zürcher Bahnhofstraße nun zu Ende? Haben die schnieken Schnösel von den Geldmeilen ausgedealt? Noch wehren sich ihre publizistischen Anwälte. Wie Springer-Chef Mathias Döpfner geißeln sie »die Demagogie der sozialistischen Nationalisten«.

Doch ruft überhaupt jemand nach der Exhumierung des bankrotten sozialistischen Systems? Sogar die »Neue Zürcher Zeitung«, der »Osservatore Romano« aller marktradikalen Rechtgläubigen, atmet erleichtert auf: »Nicht einmal Oskar Lafontaine stellt den Kapitalismus grundsätzlich infrage.«

Denn Kapitalismus ist eben nicht Kapitalismus. Manager-Kapitalismus und Spekulanten-Kapitalismus unterscheiden sich ganz wesentlich vom Kapitalismus des verantwortlichen Unternehmertums.

Die Maulhelden des totalen Marktes sahen sich als »Masters of the Universe«, losgelöst von jeder gesellschaftlichen Verantwortung. Sie beriefen sich dabei auf die dürftigste aller Denkschulen der neueren Zeit, die den ökonomisch erfolgreichen Einzelnen zum Maßstab von Mensch und Menschheit machte – Marktwert statt Menschenwürde.

Verantwortliche Unternehmer dagegen arbeiten mit eigenem Geld, mithin auf eigenes Risiko; sie sind deshalb verankert in der Gesellschaft, die den Humus für ihre Geschäfte bildet; sie sind ihren Mitarbeitern verbunden als freie und gleiche Mitgestalter der Gesellschaft – Demut und Demokratie statt Diktatur des Geldes.

Welchen Kapitalismus wollen wir?

»Cicero«, 1. November 2008

Frank A. Meyer
Irre

Was für ein Bild! Drei Händler der Londoner Edelmetallbörse brüllend, aggressiv, infantil, die Gesichter entsetzt, empört, wutverzerrt – außer Rand und Band. Sie machen ihr Geschäft: Börsengeschäft, Spekulantengeschäft. So geht es zu in der globalen Finanzwirtschaft: wie im Irrenhaus.

Zwar sitzen heute die meisten Trader am Computer. Ihr Irrsinn aber spielt sich im Kopf ab, wie eine eben veröffentlichte Studie der St. Galler Universität zutage gefördert hat. Untersucht wurde das Traderverhalten bei Schweizer Banken, Rohstoffhändlern und Hedgefonds. Die Autoren der Studie verglichen die Probanden mit Psychopathen in deutschen Hochsicherheitskliniken.

Resultat: Die Spekulanten entpuppten sich in einem Computerspiel als ebenso verhaltensgestört, rücksichtslos, egoistisch und unkooperativ wie die psychisch Kranken, die an Abnormitäten ihres Gemüts- und Gefühlslebens leiden – am Ende erwiesen sich die Geldmacher sogar als deutlich unkooperativer als die Psychiatriepatienten.

Ja, so steht es um die Welt, die gegenwärtig unsere Welt bestimmt: Krankhaft skrupellose Dealer betätigen die Hebel der globalen Finanzmacht – gegen Volkswirtschaften, gegen Gesellschaften, gegen die Armen und Ärmsten in aller Welt, gegen Kinder, die Hungers sterben, täglich, minütlich.

Bei der UBS hat Trader Kweku Adoboli am Computer mehr als zwei Milliarden Franken verzockt. Hätte er die gleiche Summe er-zockt, kein Mensch würde sich dafür interessieren, über welche Wege es ihm gelungen ist. Adoboli wäre ein Held.

Ja, so ist die Welt des großen Geldes: irre.

Wissen die Adobolis in London, Frankfurt, Zürich und New York noch, was sie tun? Ihr Profil ist mit dem Begriff »Psychopath« präzis unterschrieben. Die Knaben und Mädchen in den Profitpferchen der Börsen und in den Computergehegen der Geldhäuser gehen einem Metier nach, das krank macht.

Denn Geld ist ihr Produkt. Doch Geld ist: nichts – nichts als die Behauptung und das Versprechen, so viel wert zu sein, wie draufsteht. Geld ist eine Fiktion.

Doch viel von nichts, also viel Geld, gilt als gut, gilt als größter Wert der Finanzwelt. Und mehr Geld gilt als noch besser. Am besten ist am meisten Geld. Doch am meisten Geld lässt sich nicht messen, denn mehr als am meisten ist immer denkbar.

So produziert Geld die Gier – eine Krankheit.

Dem Un-Ding Geld stehen die konkreten Produkte und Dienstleistungen der Realwirtschaft gegenüber: zum Beispiel Maschinen der Industrie oder Medikamente der Forschung oder Menschenbildung der Schulen. Wer Patron oder Facharbeiter oder Lehrer ist in dieser konstruktiven Wirtschaft, der weiß am Abend, was er geleistet hat – er kann es berühren und besichtigen.

Die Adobolis dieser Welt haben nach Arbeitsschluss kein Resultat vorzuweisen, das sie berühren oder besichtigen könnten. Greifbar ist, was sie in den angesagten Bars der Londoner City tun, um ihre Lebensleere zu übertönen: saufen, huren, koksen.

Wer beruflich dergestalt heranwächst, dem fehlt schließlich »das wache Gespür für die Regungen und Stimmungen in seiner gesellschaftlichen Umwelt«, wie es Hermann Josef Abs, der legendäre Chef der Deutschen Bank, einst von den Akteuren seiner Branche forderte: »Jeder muss sich in seinen Entscheidungen konsequent von seiner Gesamtverantwortung gegenüber der Gesellschaft leiten lassen.« Sätze aus dem vergangenen Jahrhundert für die Adobolis und ihre geschniegelten Chefs, die Grübels und Ermottis und die Ackermanns. Sätze in einer Sprache, die sie nie gelernt haben.

Wer der Gesellschaft dergestalt entwachsen ist, der kennt die Grenzen nicht mehr, die ebendiese Gesellschaft allem Tun setzt, selbst wenn es dafür keinen formalrechtlichen Rahmen gibt. Ethik, Moral, Verantwortung – was ist das schon gegen Tradermacht, Spekulantenmacht, Bankermacht? Petitessen sind das, weggeputzt von der Macht des Profits.

Ja, die Finanzwelt produziert Menschen jenseits von Gut und Böse: Alles geht, wenn es gut geht. Wie es für die Betroffenen ausgeht, in Griechenland oder in Deutschland oder in der Schweiz oder in den Hungergebieten Afrikas – alles einerlei. Ein Handeln, das von den Tätern nicht einmal als unmoralisch empfunden wird, denn Unmoral erkennen kann nur, wer Moral kennt.

Der frühere Bundeskanzler Helmut Schmidt, heute das Gewissen der Nation, erklärte jüngst: »Ich teile die Menschheit gern in drei Kategorien ein – die erste Kategorie, das sind die normalen Menschen. Wir alle haben sicher als Jungs mal Äpfel geklaut, aber dann sind wir doch anständige Menschen geworden (…) Die zweite Kategorie, das sind die mit einer kriminellen Ader. Die gehören vor Gericht (…) Und die dritte Kategorie sind Investmentbanker und Fondsmanager.«

Lausbuben, Kriminelle, Finanzmanager – welch eine Steigerung!

»Sonntagsblick«, 2. Oktober 2011

Frank A. Meyer
Zauberberg

Ist das World Economic Forum in Davos eine gute Sache? Sicher ist es das.

Das Thema des diesjährigen WEF und seines Gründers Klaus Schwab lautet: »Neugestaltung der Welt und deren Bedeutung für Gesellschaft, Politik und Wirtschaft«.

Nichts weniger als die »Neugestaltung der Welt« hat sich der hochverdiente Forums-Patriarch also vorgenommen!

Und noch etwas verkündet Klaus Schwab: »Die Führungspersönlichkeiten dieser Welt kommen dieses Mal in Davos zusammen.«

Nichts weniger als »DIE Führungspersönlichkeiten«, nicht etwa nur »Führungspersönlichkeiten«.

Ist das so?

»Es besteht keine geeignete weltweite Governance, um mit den Konsequenzen der bereits in Gang gekommenen Neugestaltung der Welt umzugehen«, beklagt Klaus Schwab.

Tagt diese Weltgovernance jetzt in Davos? Als Stelldichein DER Führungspersönlichkeiten dieser Welt?

Wäre es so, es müsste der Welt angst und bange werden.

Zu Klaus Schwabs Weltführern gehört Anshu Jain: Früher war er verantwortlich für das Investmentbanking der Deutschen Bank; neuerdings ist er verantwortlich für die gesamte Deutsche Bank. Er leitet ein Unternehmen, dessen allerjüngste Vergangenheit sich darstellt wie ein Krimi, nicht wie die Chronik eines redlichen Geldhauses: kaum ein aktueller Skandal in der Finanzwelt ohne Deutsche Bank, kaum eine Manipulation, kaum eine Spekulation, kaum eine Trickserei, an der sie nicht beteiligt gewesen wäre.

Weltführer Jain?

In Davos hält auch Josef Ackermann Hof, Vizepräsident des WEF-Stiftungsrats. Zehn Jahre lang beherrschte er die Deutsche Bank. Es waren Jahre, von denen die »Neue Zürcher Zeitung« schreibt: »Die Vergangenheit holt die Deutsche Bank ein.« Eine Vergangenheit anrüchiger Geschäfte sonder Zahl. Und eines Debakels ohne Ende: Ermittlungen, Prozesse, Entschädigungszahlungen, Milliardenbußen.

Weltführer Ackermann?

Ja, das WEF in Davos wird alljährlich bevölkert von würdigen wie fragwürdigen wie unwürdigen Wirtschaftsführern. Auch von CEOs, die über genügend Zeit und Spesen verfügen, um in der hässlichen Alpenstadt und ihrer idyllischen Umgebung Maulaffen feilzuhalten.

Weltführer sind sie nicht.

Windige Figuren der Wirtschaftswelt, vor allem Hütchenspieler der Finanzwelt, wie wir spätestens seit der Bankenkrise wissen, haben immer wieder den hehren Mahnungen Klaus Schwabs zur Verbesserung der Welt gelauscht. Geschadet hats ihnen nicht. Hats der Welt genützt? Es war jedenfalls schön. Und wenn die Sonne schien, noch schöner.

Die Reise in den Bergort, der einst die Kulisse für Thomas Manns Roman »Der Zauberberg« abgab, ist für globale Geschäftemacher eine Wallfahrt. Je schlechter das Gewissen, desto erhebender das Gefühl, wenn ihnen der ehrlich beseelte Vorbeter Klaus Schwab mit klug-kritischen Worten die Absolution erteilt und seine streng ermahnten Gläubigen wieder in die weite Welt entlässt, wo selbst sie sich fortan fürs Gute, zumindest fürs Bessere einsetzen mögen.

Davos ist das Lourdes der Wirtschaft. Das WEF ist die Kathedrale.

Und die Politiker, die sich bequemen, den Gottesdiensten im Gebirge beizuwohnen? Sie dokumentieren die gute Absicht, indem sie internationale Konflikte und Probleme auf der Weltbühne debattieren, die Klaus Schwab geschaffen hat – eine Lebensleistung von beeindruckender Dimension.

Aber Weltführung ist hier nicht versammelt. Auch nicht Weltelite.

Es genügt, wenn in Davos einige dem Globus Gutgesinnte Gespräche führen – engagierte, womöglich sogar verpflichtende Gespräche –, während zahlreiche Geschäftemacher eben auch dort oben ihre Geschäfte machen.

So ists, so soll es sein.

Auf jeden Fall ist es gut, dass es das WEF gibt: für die Schweiz – und ein bisschen auch für die Welt.

»Sonntagsblick«, 26. Januar 2014

Der Minister und der Hamster
Über die Schweiz, Deutschland und Europa

Jakob Augstein: Lieber Herr Meyer, Sie kommen aus Biel in der Schweiz. Das ist wahrscheinlich eine Stadt, die nicht jeder kennt. Was zeichnet sie aus?

Frank A. Meyer: Biel ist eine offene Stadt. Wenn Sie kein Langweiler sind, werden Sie von den Bielern nach vierzehn Tagen akzeptiert. Biel ähnelt in manchem Berlin: vor allem im libertären Geist. Jeder darf sich geben, wie es ihm gerade zumute ist. Es herrscht kaum Konvention.

Woher kommt das?

Biel liegt genau auf der Sprachgrenze. Es ist eine zweisprachige Stadt, vielleicht die einzig wirklich zweisprachige Stadt in Europa. In so ziemlich jeder Familie kommen mindestens zwei Sprachen vor. Und im Parlament redet jeder in seiner Sprache, ohne Übersetzung. Aber Biel ist auch geprägt von einer libertär-sozialistischen Arbeiterbewegung, die sich vor allem aus dem Uhrmacher-Handwerk rekrutierte. Das war in der ersten Hälfte des zwanzigsten Jahrhunderts eine breite Kultur: vom Sport über Musik bis zur Bildung. Mitten in der Stadt das Volkshaus, ein heute geschütztes Bauhaus-Gebäude. Mein Vater war stolz, dieser Kultur anzugehören, und zwar auf bürgerliche Weise stolz: Er trug Krawatte zur Arbeit. Das war das Credo der Arbeiter-Emanzipation: »Wir sind auch Bürger!«

Sie sind also mit dem Deutschen und dem Französischen auf-gewachsen?

Ja. Meine Eltern sprachen deutsch, aber viele Verwandte hatten als Muttersprache Französisch. Das ging auch in meiner Familie bunt durcheinander.

Ist die Toleranz in der Schweiz immer noch sprichwörtlich?

Sie ist wohl seit je nur in den Augen der schweizvernarrten Deutschen sprichwörtlich. Es gibt in der Schweiz sehr intolerante Tendenzen. Das hat tiefe historische Gründe. Man misstraute sich von Tal zu Tal. Der Fremde war der andere Schweizer. Heute ist der Fremde der andere Europäer. Der ganz und gar Fremde ist der arme Einwanderer oder der Flüchtling. In der Schweiz gedeiht die größte rechtspopulistische Partei Europas, die Schweizerische Volkspartei, die SVP. Sie ist Avantgarde unter den Rechtsaußen-Parteien Europas, denn sie vereinigt den Rechtspopulismus mit dem Marktradikalismus. Und sie wird gesteuert von einem Milliardär, was sie zu einer Oligarchenpartei macht, wie sie in Osteuropa gerade Mode werden. Der Erfolg dieser fremdenfeindlichen Partei spricht nicht gerade für die tolerante Tradition der Schweiz.

… das ist natürlich ein positives Vorurteil, das man gegenüber der Schweiz hat. Die Schweiz erlebt wie Schweden das Glück, dass sich positive Vorurteile über sie hartnäckig halten…

… lieber Herr Augstein, die Erklärung dafür können Sie besser geben als ich: Warum ist die Schweiz das Sehnsuchtsland der Deutschen?

Ich glaube, jedes Land, das südlich von Köln liegt, ist das Sehn-
suchtsland der Deutschen: Italien, Frankreich, die Schweiz…

… aber dann wäre es auch Bayern …

… Bayern ist auch ein Sehnsuchtsland der Deutschen. Was der
Deutsche an der Schweiz schätzt, ist die Zivilität. Gibt es das
Wort im Deutschen überhaupt? Zivilität?

Wenn es das Wort nicht gibt, führen wir es ein. Es ist an der
Zeit, wieder Wörter zu kreieren. Ich würde sagen, die Schweiz
ist sehr republikanisch. Das macht vielleicht ihren Zauber aus.
Ich glaube zu verstehen, was Sie mit »Zivilität« meinen: Die
Schweiz ist nicht so obrigkeitsstaatlich wie das lutherisch oder
preußisch geprägte Deutschland. Das Republikanische und
das Zivile sind wohl ähnliche Eigenschaften.

Ich will Ihnen eine Geschichte erzählen, keine Anekdote,
einen Geschichte, die sich zugetragen hat: Ein Schweizer
Minister fährt in einem vollbesetzten Intercity zur Arbeit. Er
sucht einen Sitzplatz und bleibt bei einer Frau stehen, die einen Käfig mit ihrem Hamster auf den Sitzplatz neben sich
gestellt hat. Der Minister blickt auf den Hamster, blickt auf
die Frau, weiß nicht, was er tun soll, wagt nicht, die Frau zu
derangieren. Da kommt die Kondukteuse, es gibt eine Debatte,
und am Ende wird der Hamster ins Gepäcknetz gehoben. Jetzt
darf der Minister Platz nehmen. Doch die Geschichte ist noch
nicht zu Ende. Ein Fahrgast, der keinen Sitzplatz gefunden
hat, beschwert sich: Es sei doch typisch, dass ein Minister sitzen dürfe, die normalen Leute hingegen stehen müssten! Das
nenne ich das Republikanische der Schweiz.

Übrigens mag ich das Wort »Toleranz« nicht besonders, weil
es ein Wort von oben herab ist, ein Wort von Mächtigen gegenüber Ohnmächtigen. Toleranz bedeutet: gewähren lassen. Wer

aber Toleranz gewähren kann, kann Toleranz auch wieder entziehen. Toleranz setzt eine gewisse Macht voraus. Darum bin ich für Recht: gleiches Recht. Das ist republikanisch.

Sie kommen nicht aus privilegierten Verhältnissen. Ihr Vater war Uhrmacher. Der Handwerker gehörte zwar nicht zu dem seiner Arbeit entfremdeten Industrieproletariat, aber er war auch kein Bürger, oder?

Mein Vater sah sich selbst als Bürger. Er wäre gerne Lehrer geworden. Er war der beste Schüler seiner Schule. Seine Lehrer sagten: »Du musst unbedingt Lehrer werden.« Doch das war unmöglich, denn die Familie war arm. Also musste er mit vierzehn Jahren in die Fabrik. Dort hat er sich zum Uhrmacher ausgebildet, und zwar zu einem Uhrmacher, der die ganze Uhr beherrschte. Er hat für mich auch eine ganze Uhr hergestellt. Die Handwerker wie mein Vater, diese Facharbeiter, die Spitzenqualität produzierten, strebten danach, bürgerlich zu sein. Blicken Sie in Deutschland zurück auf die Weimarer Zeit: Die Arbeiter, die damals für die Demokratie und für ihre sozialen Forderungen auf die Straße gingen, trugen Krawatten und Stehkragen – sie hielten etwas von sich. Mein Vater ging perfekt gekleidet in die Fabrik.

War Ihr Vater Uhrmachermeister?

Den Begriff gab es nicht. Er hatte eine Vollzeitstelle als Uhrmacher in einer kleinen Fabrik, »Libana Watch«. Er verdiente wenig und war auf Heimarbeit angewiesen. Am Abend arbeitete er zu Hause für andere Auftraggeber. Er kam heim, aß schnell etwas und setzte sich dann an sein Arbeitspültchen, das in der Uhrmachersprache französisch »établi« genannt wurde – es steht heute bei mir in Berlin am Eingang der Wohnung. Meine Mutter klebte Uhrenarmbänder. Ich half ihr dabei, indem ich die Armbänder mit Schlaufen und Schnallen versah. Mein Vater hat eigentlich Tag und Nacht gearbeitet. Er hatte keinen Mindestlohn, der es ihm ermöglicht hätte, die Familie bescheiden durchzubringen.

War Ihr Vater ein politischer Mensch?

Ja, sehr politisch. Er war Sozialdemokrat. Er ging bei den Wahlkämpfen von Tür zu Tür, hat geläutet und gesagt: »Ich komme von der sozialdemokratischen Partei. Kann ich mit Ihnen reden?« Er konnte sehr gut reden, aber er war ein scheuer Mensch. Er strebte nie einen politischen Posten an.

Er erzählte mir immer wieder von der Vergangenheit, vom Krieg, von der Nazi-Diktatur. Obgleich verschonter Schweizer, beschäftigte ihn diese Katastrophe sehr. Darunter war eine Geschichte, durch die mir zum ersten Mal bewusst wurde, dass es Juden gibt. Er erzählte: »Weißt du, der 10. Mai 1940 war ein wichtiger Tag für die Schweiz, denn man fürchtete, dass die Deutschen über den Jura einmarschieren, um die Befestigungen der Franzosen im Süden zu umgehen. Einige Tage vor dem 10. Mai habe ich meinem Patron Siegmund Liebmann gesagt: ›Herr Liebmann, Sie haben Verwandte in Kanada. Gehen Sie nach Kanada. Denn als Jude gehören Sie zu den ersten Opfern der Nazis; nach den Juden kommen dann wir Sozialisten dran.‹ Liebmann hat geantwortet: ›Herr Meyer, ich bin Schweizer. Ich bleibe hier.‹ Das war zwar unklug, aber sehr mutig.« Die Erzählung meines Vaters hat mich tief beeindruckt. Sie blieb mir gegenwärtig. Ich war sechs Jahre alt, als ich von der Verfolgung der Juden und von der Gefährdung der Sozialisten erfuhr. Das Jüdische war für mich von diesem Zeitpunkt an völlig positiv besetzt. Die Geschichten meines Vaters prägten mein Bewusstsein im frühen Kindesalter. Sie sind mein Anker. Natürlich merkte ich auch, dass meine Familie arm war. Aber schweizerisch arm – ich will das nicht vergleichen mit der Armut in Deutschland. Es gibt heute Hartz-IV-Empfänger, die sind wahrscheinlich ärmer als meine Eltern damals. Doch für Schweizer Verhältnisse waren wir arm. Ich spürte die Demütigung durch die Armut. Meine Mutter wurde im Lebensmittelgeschäft oder in der Metzgerei stets erst nach den noblen Damen bedient. Solche Erfahrungen haben mich geprägt. Wenn die Eltern ab Mitte des Monats Spannungen untereinander hatten, weil das Geld nicht reichte, dann habe ich das mitbekommen. Ich klage nicht, ich erzähle es, weil es mein Denken bestimmt. Andererseits war ich auch ein Verwöhnter. Ich kriegte eigentlich immer alles, ein Occasion-Fahrrad zum Beispiel – mein Vater bezahlte dem Velohändler ein Jahr lang jeden Monat zwölf Franken.

Mich rührt es, wenn ich heute auf der Straße Migranten-Kinder an der Hand ihrer Mutter oder ihres Vaters sehe: Da geht ein armer Mensch, ein ohnmächtiger Mensch. Doch die Kinder schauen stolz zu ihrer Mutter oder ihrem Vater auf, voller Vertrauen in die schützende Macht ihrer Eltern – Mama ist die Größte, Papa ist der Größte! Dieser Glaube ist bei mir früh gebrochen. Ich habe schon als Kind gemerkt, das mein Vater ohnmächtig war. Die Situation meiner Eltern hat auch dazu geführt – das habe ich erst später verstanden –, dass ich irgendwann beschlossen habe, eine eigene »Macht« zu werden, nicht abhängig zu sein.

Hätten Sie studieren dürfen, wenn Sie gewollt hätten?

Natürlich. Niemand hat mich vom Studium abgehalten. Außer ich selbst. Ich war in der Schule ein Versager. Ich konnte nur zeichnen und schreiben. Ich war faul, aus welchen tieferen Gründen auch immer – damals hat man Faulheit noch nicht pädagogisch und psychoanalytisch aufgedröselt. Doch ich las, ich fraß Bücher, Tag und Nacht, mit der Taschenlampe unter der Bettdecke, manchmal zwei Bücher in 24 Stunden. Meine sechs Jahre ältere Schwester eröffnete in einer Buchhandlung ein Konto für mich. Ich bin ihr dafür ewig dankbar. Die einzige Konkurrenz zum Lesen war die Liebe: Mädchen, Knutschen und Küssen und verbotene Spiele. Das war so in den fünfziger Jahren: Erotische Abenteuer im Schüleralter waren verpönt. Man konnte von der Schule gewiesen werden. Ich riskierte alles. Aber ich schrieb hervorragende Aufsätze, vielleicht gerade wegen meiner Leidenschaft fürs Lesen und Lieben. Mein Deutschlehrer kam zu meinen Eltern nach Hause und bekniete sie: »Frank muss studieren!« Doch ich erklärte: »Das hat keinen Sinn. Ich rassle durch jede Prüfung.«

Woher kommt das denn? Woher nahmen Sie das Selbstvertrauen oder die Chuzpe oder die Frechheit zu sagen: »Es ist zwar nett, dass ihr das jetzt möglich macht, aber das ist nicht meins. Ich mache das nicht.«

Ich verspürte schon immer ein ausgeprägtes Bedürfnis nach Selbstbestimmung. Ich konnte mir nicht vorstellen, weiter auf der Schulbank zu sitzen. Ich bin fleißig. Aber ich weigerte mich, fleißig die Schulbank zu drücken, Dinge zu lernen, die mich nicht interessierten. Da schlug mein Vater vor, ich solle Schriftsetzer lernen. »In diesem Beruf bist du nahe an der Zeitung.« So wurde ich Schriftsetzer.

Aber der Schriftsetzer ist nicht der Schriftsteller.
Die Schriftsetzer beherrschten die deutsche Sprache besser als die Journalisten.

Haben Schriftsetzer selbst in die Texte eingegriffen?
Nein. Aber Schriftsetzer war ein nobles Handwerk. Man bezeichnete die Typographen auch als Elite der Arbeiterbewegung.

Wenn Sie an Biel denken – ist das Heimat für Sie?
Ich liebe den Wald um Biel herum, den Jura, den Bieler See, den Neuenburger See. Dort sind die Wege, die mein Vater mit mir ging. Der Jurahang mit seinen Reben, mit dem Blick auf den See und übers Mittelland ist zauberhaft. Die schönste Region der Schweiz. Irgendwie zart, heiter, unpathetisch. Wenn man Glück hat, sieht man die Alpen nicht.

Schwer vorstellbar, in der Schweiz die Alpen nicht zu sehen!

Kennen Sie die »Asterix«-Folge »Asterix bei den Schweizern«?
Ja, natürlich.

Bei »Asterix bei den Schweizern« wird Obelix am Ende gefragt: »Wie ist denn die Schweiz als Land?« Seine Antwort: »Flach.« Er war ja die ganze Zeit, als er die Alpen hätte sehen können, entweder betrunken oder bewusstlos. Er bekam die Berge nicht mit.
Ein richtiger, ein echter Schweizer bekennt sich zu den Alpen – ein Bekenntnis, als hätten die Schweizer ihre Alpen auch noch selber gebaut.

Und die Schweiz – ist die Schweiz Ihre Heimat?

Ich fühle mich Dolf Sternberger zu großem Dank verpflichtet, dass er den Begriff des »Verfassungspatriotismus« erfunden hat. Damit gab er mir die Antwort auf die Frage, ob die Schweiz meine Heimat oder mein Vaterland sei. Ich bin ein Verfassungspatriot. Und ich bin inzwischen auch ein deutscher Verfassungspatriot: Weil ich in Deutschland lebe und das Grundgesetz mag. Ja, ich finde es nicht nur gut, ich mag es. Allerdings werde ich die Schweizer Verfassung immer ganz besonders mögen, denn sie steht für den weiten Weg an Erfahrung und Konfliktbewältigung, den die Schweiz zurückgelegt hat. Die Schweiz ist ein politisches Gesamtkunstwerk. Es ist grandios, weil es nie geplant wurde. Immer nur gelebt. Und aus dem Erleben heraus gedacht.

Ich wollte schon immer Schweizer sein.

Wie gesagt, die Schweiz ist ein Sehnsuchtsland der Deutschen. Auch der deutschen Steuerbetrüger. Die Deutschen hätten die Schweiz kaputtgemacht, wären sie im Zweiten Weltkrieg einmarschiert. Auch heute verstehen sie die Schweiz nicht. Auch nicht die Schweizer, die sie gerne und irrtümlicherweise »Schwyzer« nennen, was ich hasse, denn Schwyz ist für mich der unsympathischste Kanton meines Landes, ein Kanton, der jedem reichen Gauner zu Füßen liegt, mit einer Regierung von lauter Etagenkellnern dieser Reichen. Übrigens gibt es »die Schweizer« gar nicht. Allein in meiner Heimat gibt es »Wir Bieler« und »Wir Jurassier«, wobei letztere sich wieder in Nord- und Süd-Jurassier aufteilen.

Das gilt für die Deutschen nicht weniger! Auch bei uns ist der Föderalismus stark ausgeprägt. Hier ist zum Beispiel die Volksab-

stimmung zur Vereinigung von Berlin und Brandenburg mehr-
fach gescheitert.

Ja, die deutsche Kultur hat von der Zersplitterung des Herr-schaftsgebietes bis 1871 ungeheuer profitiert. Jede politische Einheit bestand auf eigene kulturelle Institutionen, auf Thea-ter und Oper und Universität. Die Kulturlandschaft in Deutschland ist in ihrem Reichtum weltweit einmalig. Und dieses Deutschland hat dem schlimmsten Verbrecher der Geschichte zugejubelt…

In jener Zeit gab es in Europa Faschismus in Frankreich, Spanien, Deutschland und Italien. Weshalb nicht in der Schweiz?

Es gab rechtsextreme Bewegungen – die Frontisten. Doch diese Bewegungen drangen in der Bevölkerung nicht durch. Sie erzielten keine nennenswerten Wahlerfolge. Man kann zwar sagen, dass ein Teil des Establishments fasziniert war von dem, was in Deutschland geschah: »Endlich räumt einer mit den Gewerkschaften und den Sozialisten auf!« Aber dieses Ge-dankengut sprang nie auf die Bevölkerung mit ihrer republika-nischen Tradition über. Schon die Art und Weise, wie Nazis und Faschisten herumschrien, weckte Widerstand: »Das passt nicht zu uns. Das sind wir nicht.«

In Deutschland hatte das Bürgertum kein Problem mit dem klas-senübergreifenden Denken der Nazis.

Sie sprechen einen wichtigen Punkt an. Das Bürgertum hatte immer wieder große Mühe mit seiner bürgerlichen Demokra-tie. Denn im Grunde genommen war die Emanzipation des vierten Standes, also der Proletarier, der einfachen Leute, gar nicht vorgesehen. Die Integration der arbeitenden Menschen mit gleichem Recht – »one man, one vote« – erschreckte die

Bourgeoisie. Sie fühlte sich bedroht. Nur widerstrebend akzeptierte sie die »neuen« Bürger. Auch die Gleichberechtigung der Frauen stieß auf Ablehnung. Die eine Verwirklichung der bürgerlichen Demokratie hat die Arbeiterbewegung erkämpft, die andere die Frauenbewegung, beides gegen den Widerstand des etablierten Bürgertums. Der deutsche Bürger war allzu lange Privat-Bürger. Was zur deutschen Verspätung führte. Der französische und der Schweizer Bürger dagegen waren wesentlich früher Verfassungsbürger, Demokratiebürger. Die Freisinnigen, wie die Bürgerlichen in der Schweiz heißen, haben 1848 einen modernen Bundesstaat geschaffen. Das bedeutete in diesem von Fürsten beherrschten Europa einen unglaublichen Fortschritt, auf den die Freisinnigen zu Recht stolz waren. Die Freisinnigen von heute sind es leider nicht mehr. Wenn Sie einen Freisinnigen fragen; »Was bedeutet 1848?«, bekommen Sie zur Antwort: »Die Abfahrtszeit des ICE von Zürich nach Genf.« Die Bürgerlichen in der Schweiz haben ihre eigene Sache an die antibürgerlichen Rechtspopulisten verraten.

In Deutschland scheiterte der demokratische Aufbruch, der 1848 von der Frankfurter Paulskirche ausging. Es folgte der Rückzug ins Private: Hausmusik statt Barrikade. Dabei hatte das deutsche Bürgertum das Sagen in der Wirtschaft, in den Wissenschaften und in der Kultur – und musste bis 1918 den Kotau machen vor einer miefigen Bürokratie- und Militärmonarchie.

Die Schweiz ist kein erzkapitalistisches Land, es ist ein erzbürgerliches Land. Der kluge Bürger nutzt den Kapitalismus...

... stimmt. Es ist ein erzbürgerliches Land. Allerdings herrschten die Männer politisch sehr viel länger über die Frauen als in Deutschland. Es gibt in der Schweiz immer wieder Bestrebungen, es zu einem erzkapitalistischen Land zu machen. Das hat schon Gottfried Keller beklagt. Das Bankgeheimnis war so ein Versuch – der Rütlischwur des zwanzigsten Jahrhunderts. Abstoßend. Und bis heute kein Schuldbewusstsein. Obwohl man mit diesem nationalen Geschäftsmodell befreundete und arme Länder um Abermilliarden Steuergeld betrogen hat. Das ist jetzt Geschichte. Und die Täter in Politik und Finanzwirtschaft waschen ihre Hände in Unschuld – »war ja alles nicht so gemeint…« Das erzbürgerliche Volk versteht den jähen Abschied von dieser erzkapitalistischen Perversion sehr gut.

Jetzt wollen wir mal die Schweiz nicht überhöhen! Viele Jahre ist diese Bevölkerung sehr gut damit zurechtgekommen, dass die Schweizer Banken sehr gut vom Geld sehr zwielichtiger Leute gelebt haben. Von den Vermögen, die während des »Dritten Reiches« in die Schweiz geflossen sind, wollen wir gar nicht erst reden! Die Bigotterie ist ein Bestandteil der Bürgerlichkeit. Sie macht bekanntlich den Charme der Bürgerlichkeit aus.

Ich will nichts überhöhen. Die Schweiz ist aber im Zweiten Weltkrieg nicht nur davongekommen, weil sie die Wechselstube der Nazis war, sondern weil der Faschismus in der bürgerlich-republikanischen Gesellschaft der Schweiz keinen Nährboden gefunden hat.

Unter Frau Merkel hat sich das Bild von Deutschland in Europa verändert. Viele Europäer fühlen sich von Deutschland und seiner Kanzlerin unter das Joch der Austeritätspolitik gezwängt. Ist Deutschland in Europa wieder ein Problem?

Deutschland war in Europa immer ein Problem. Seine Lage und seine Größe machen es zum Problem. Deshalb hat Bismarck Gleichgewichtspolitik betrieben. Hinzu kommt die wirtschaftliche Macht Deutschlands. Diese Macht hängt nicht von einem Prozent mehr oder weniger Wirtschaftswachstum ab, sie liegt begründet in einem ungeheuren Potential an Fleiß und Ideen. Schließlich bildet das Konsensdenken eine große Kraft: Die Deutschen halten es für erstrebenswert, zu arbeiten und den Wohlstand zu mehren, und zwar in einer gemeinsamen Anstrengung, in einer Gemeinsamkeit, die immer wieder zwischen Arbeitnehmern und Arbeitgebern ausgehandelt wird. In der Schweiz haben wir diesen Konsens auch. Die Schweizer sind wirtschaftlich noch stärker als die Deutschen, natürlich nicht mächtiger. Als Schweizer verstehe ich den Erfolg der Deutschen sehr gut, als protestantischer Schweizer noch besser.

In Deutschland sind die wirtschaftlich erfolgreichen Bundesländer katholisch.

Die protestantisch grundierte Leistungskultur hat auch die Katholiken erfasst. Ein moderner Katholik ist auch nur noch ein Protestant.

Sollte Deutschland für Europa mehr tun?

Ja. Die Wirtschaft in Deutschland hat von Europa unglaublich profitiert. Gerade von der Finanzkrise hat die deutsche Staatskasse profitiert: durch Hundert Milliarden weniger Zinslast am Anleihenmarkt. Deutschland müsste jetzt etwas zurückgeben. Die Idee eines Marshallplans für Südeuropa hätte ich gut gefunden; sie wurde nicht weiter verfolgt.

Dass Deutschland von Europa profitiert hat, steht in allen Zeitungen. Das weiß doch jeder…

…das weiß überhaupt nicht jeder. Gehen Sie einmal in Deutschland auf die Straße und fragen Sie…

… es könnte aber jeder wissen, weil es in allen Zeitungen steht.

Ja, es könnte jeder wissen. Eine wirtschaftliche Hilfe müsste durch zwei Projekte flankiert werden: zum einen durch Reformen in Deutschland selbst. Angela Merkel kann nicht eine Regierung des Stillstands führen und von anderen Regierungen dramatische Reformen fordern. Zum anderen durch ein normatives Ziel für Europa. Es reicht nicht zu sagen: »Ich will den Euro retten.« Man muss sagen, weshalb man ihn retten will. Wofür steht Europa in Zukunft?

An welches Ziel denken Sie?

Die Wirtschaft in Deutschland ist – sieht man einmal vom Gebaren einiger Unternehmen wie der Deutschen Bank ab – immer noch eine den Deutschen zugewandte Wirtschaft. Das Modell der Mitbestimmung bleibt trotz der Zugeständnisse, die von den Gewerkschaften in den letzten Jahren gemacht wurden, ein Erfolgsmodell und beispielhaft für Europa. Es gibt in Deutschland einen Konsens über das Miteinander von Arbeitgebern und Arbeitnehmern, der für einen sozialen Frieden sorgt und zugleich das enorme Potential, von dem ich gesprochen habe, freizusetzen hilft. Das deutsche Erfolgsmodell muss jetzt ein europäisches werden. Der sozial und ökologisch verantwortungsbewusste rheinische Kapitalismus wäre das geeignete europäische Gegenmodell zum angelsächsischen Marktradikalismus, der marodierend die Welt bedroht. Doch wie darf ich als Schweizer so reden? Ich komme aus einem Land, das Europa als Feindesland betrachtet, Brüssel als neues Moskau. Die Schweizer wollen politisch nicht auf die Welt kommen.

Wissen Sie, was ich als eine positive Entwicklung sehe? Eine Entwicklung, die mir Hoffnung gibt? Dass wir plötzlich europäische

Politiker kennen. Als ich studiert habe, war das nicht so. Niemand kannte irgendeinen Politiker aus Brüssel mit Namen. Inzwischen wissen wir, wer Viviane Reding ist – den Namen der Vizepräsidentin der EU-Kommission lesen wir ständig in den Zeitungen.

Für jemanden, der die Überwachung durch die NSA kritisch sieht, war Frau Reding ein Lichtblick, ein Hoffnungsschimmer. Auch wenn sie vielleicht nicht viel bewirken konnte, so hatte man doch das Gefühl, da setzt sich eine europäische Politikerin mit deutlichen Worten in Washington für den Datenschutz der Bürger Europas ein. Auch die Euro-Krise geht einher mit einer Art europäischen Identitätsbildung …

Wenn alle über die Euro-Krise klagen, sage ich immer: Wir haben noch nie so viel über Europa geredet und wussten noch nie so viel über Europa wie heute.

Wir wissen plötzlich Bescheid über spanische Innenpolitik, griechische Innenpolitik, weil es uns etwas angeht. Oder vielmehr: weil wir lernen, dass es uns etwas angeht. Ein Riesenfortschritt.

Ich stimme Ihnen zu. Die Europa-Krise hat plötzlich eine Öffentlichkeit geschaffen, die europäisch ist. Früher hat Udo Jürgens »Griechischer Wein« gesungen und wir sind in den Süden gereist und haben in der Taverne Ouzo getrunken. Und plötzlich geht uns Griechenland etwas an. Plötzlich erschreckt uns das Wiedererwachen des Faschismus in Griechenland – aber auch in Ungarn, in Finnland, in England, in Frankreich. Wir werden hellwach, weil die Faschisten wach werden, zum Teil noch getarnt als Rechtspopulisten, zum Teil bereits offen bekennend, sogar in Parteiuniformen. Es entsteht ein europäisches Bewusstsein, weil Europa von den Antieuropäern herausgefordert wird. Das ist die positive Folge der alarmierenden Entwicklung.

Frank A. Meyer
Wurzellos und obdachlos

Also sprach Kaspar Villiger[1], Schweizer Unternehmer und Politiker (FDP), 1989–2003 Mitglied des Bundesrates: »Das Schweizer Bankgeheimnis ist in unserem Volk tief verwurzelt und deshalb nicht verhandelbar.«

Ja, wenn das zutrifft: Wer wäre so grausam, das Volk dieser Wurzeln zu berauben?

Zur internationalen Forderung, das Schweizer Bankgeheimnis für Steuerflüchtlinge sei abzuschaffen, sprach auch Pascal Couchepin[2], Schweizer Politiker (FDP), 1998–2009 Mitglied des Bundesrates, bis 2002 Vorsteher des Eidgenössischen Volkswirtschaftsdepartements, sein dezidiertes Wort: »Wir zünden doch nicht unser eigenes Haus an.«

Wenn das zutrifft: Wer wäre schon so niederträchtig, die Schweizerinnen und Schweizer allesamt obdachlos zu machen?

Unser Bankgeheimnis: unsere Wurzeln. Unser Bankgeheimnis: unser Haus. Nur ein grausamer, ein niederträchtiger Feind kann uns all dies rauben wollen: die Europäische Union. Natürlich.

Und jetzt dies: 59 Prozent des Volkes sind gegen das Bankgeheimnis für ausländische Steuerhinterzieher. Das ermittelte »Cash«, die führende Wirtschaftszeitung der Schweiz, in einer repräsentativen Umfrage. 79 Prozent gar möchten, dass die Schweizer Steuerbehörden bei Steuerhinterziehung durch

---

1 Schweizer Unternehmer und Politiker (FDP), 1989–2003 Mitglied des Bundesrates.

2 Schweizer Politiker (FDP), 1998–2009 Mitglied des Bundesrates, bis 2002 Vorsteher des Eidgenössischen Volkswirtschaftsdepartements.

Ausländer mit den ausländischen Steuerbehörden zusammenarbeiten.

So weit ist es gekommen: Die Mehrheit der Bürgerinnen und Bürger fühlt sich nicht verwurzelt mit dem Bankgeheimnis für steuerflüchtige Ausländer; die Mehrheit der Schweizerinnen und Schweizer betrachtet das Bankgeheimnis für diese betrügerische Kundschaft nicht als ihr Haus.

Die Gleichsetzung von Schweizervolk und Schweizerhaus mit Schweizer Bankgeheimnis lässt sich Europa und der übrigen Welt nicht weiter predigen. Die Umfrage von »Cash« ergibt sogar 54 Prozent Zustimmung zur Aufhebung des Bankgeheimnisses bei Steuerhinterziehung durch Schweizer Bürger.

Das Gerechtigkeitsgefühl ist im Schweizervolk offensichtlich stärker verwurzelt als das Bankgeheimnis. Und das Solidaritätsgefühl mit dem Haus Europa ist offensichtlich ausgeprägter als das mit dem Bankhaus. Bürgerinnen und Bürger voran, Bundesrat hinterher?

Verlassen Kaspar Villiger und Pascal Couchepin das Büro von Bankmächtigen rückwärts dienernd, nachdem ihnen Befehle erteilt worden sind? Es ist undenkbar. Aber auch der falsche Eindruck muss weg.

»Sonntagsblick«, 10. September 2000

Frank A. Meyer
Unsere Schweiz

Da stand also kürzlich Moritz Leuenberger im überfüllten Intercity Zürich-Bern neben einem Sitz, auf dem, im Käfig, ein Hamster thronte. Vis-à-vis thronte die Besitzerin des putzigen Tierchens, die keinerlei Anstalten machte, ihren Liebling für den Bundesrat vom Erstklass-Sitz zu entfernen. Auch versuchte Moritz Leuenberger nicht, den Platz zu ergattern. Er stand und stand und hoffte.

Ist die Geschichte erzählenswert? Im monarchischen Frankreich hätte man den Zug gestoppt und den obersten Bahnchef gefeuert. Im sicherheitsneurotischen Deutschland hätten Bodyguards den Hamster vorsichtshalber in die Luft gesprengt, anschließend wäre ein Untersuchungsausschuss des Bundestages einberufen worden.

In der Schweiz störte sich die Zugskondukteurin am Minister, da er, wegen des Hamsters, im Gang stand. Sie führte deshalb mehrere Minuten Verhandlungen mit des Hamsters Frauchen, worauf sich das Mitglied der Landesregierung schließlich setzen durfte.

So ist die Schweiz: Der Bundesrat fährt Zug und nimmt Rücksicht auf einen niedlichen Hamster, den man ja nicht einfach wegbugsieren kann.

So ist Moritz Leuenberger: Der scheue Citoyen besteht weder auf Privilegien der Prominenz noch auf Autorität des Amtes, denn Mensch ist Mensch: Frau, Hamster oder Bundesrat.

Kann man die Schweiz lakonischer und präziser erzählen? Man kann. Denn die Geschichte hat eine Fortsetzung:

Nachdem die Kondukteurin Moritz Leuenberger im überfüllten Intercity ein Plätzchen zugesprochen hatte, baute sich ein sitzplatzloser Reisender neben dem eben hingesessenen Minister auf und beklagte laut die inakzeptablen Verhältnisse, im Einzelnen wie auch ganz grundsätzlich: »Aha, der Bundesrat kann sitzen. Hat es für Normalsterbliche auch noch Platz?«

Ja, dem Bundesrat musste mit Bürger-Chuzpe gesagt sein, was der Bundesrat seinerseits dem Hamster nicht zu sagen wagte, weil er sonst Aufsehen erregt hätte als Politiker, der – typisch! – nicht einmal einem Hamster etwas gönnt und sich rücksichtslos auf einen Sessel zwängt, an welchem er – auch typisch! – klebt, obzwar ein Normalbürger genauso darauf Anspruch hätte.

Unsere Schweiz. Liebenswert.

»Sonntagsblick«, 17. Juni 2007

Frank A. Meyer
Land des Lächelns

Der neue deutsche Außenminister Guido Westerwelle ist ein freundlicher Mensch und, obschon erst kurz im Amt, ein geschickter Diplomat. Er weiß, was man wo und wann zu sagen hat. Im Steuerstreit sagt er deshalb über die Schweiz genau das, was ein freundlicher Mensch und geschickter Diplomat zu sagen hat: »Ich lege großen Wert darauf, dass die Schweiz und Deutschland keine Gegner, sondern Nachbarn und engste Freunde sind.«

So sehen wir Schweizer uns gern: als Freunde der anderen – als freundliches Land, als freundliche Menschen. Darum sind jetzt auch so viele irritiert, sogar enttäuscht und empört: Deutschland kauft illegal beschaffte Daten aus Schweizer Banken – unter Freunden tut man so etwas nicht!

So ist es, so wäre es – unter Freunden. Aber sind wir wirklich Freunde anderer Nationen, im konkreten Fall Deutschlands? Sind wir tatsächlich das freundliche Land, als das wir uns sehen?

Es ist schon wahr: Wir Schweizer sind freundliche Menschen, im Alltag ist unsere Freundlichkeit für Ausländer, vor allem für Deutsche, geradezu auffällig: Kaufen wir beispielsweise ein Brot, bitten wir die Verkäuferin, uns das Brot, wenn es ihr denn recht sei und wenn es ihr nicht zu viele Umstände mache, in einem Säcklein zu reichen, wobei wir uns bis zu dreimal bedanken und zweimal verabschieden. Kauft ein Deutscher ein Brot, deutet er auf das Brot, sagt: »Ein Baguette, bitte«, sagt dann auch: »Danke« – und weg ist er.

Auch die Deutschen sind in ihren Augen freundlich, jedenfalls freundlich genug zum Kaufen eines Brotes. Wir Schweizer aber sind freundlicher. Warum wir freundlicher sind? Vielleicht weil wir scheuer sind, den andern nicht brüskieren wollen mit einem Anliegen. Auch ist uns Abstand wichtig: Wir legen beispielsweise Wert darauf, in der Warteschlange dem Wartenden vor uns nicht zu nah zu kommen. Unser Umgang im Alltag ist in der Regel rücksichtsvoll, geprägt vom Wunsch, unsererseits möglichst wenig behelligt zu werden.

Ja, wir Schweizer sind freundliche Menschen. Doch sind wir auch ein freundliches Land? Sind wir Freunde der anderen? Der anderen Nationen?

Unsere Banken bunkern, je nach Schätzung, zwischen 500 und 1000 Milliarden, die dem Fiskus anderer Nationen entzogen wurden: Steuerfluchtgelder. Unsere Banken betreiben dieses Geschäftsmodell seit Jahren. Sie betreiben es skrupellos, auch mit krimineller Energie, wie uns die USA am Fall UBS soeben vorgeführt haben.

Man könnte einwenden – es wäre schön, wenn wir einwenden könnten: Das sind doch bloß die Banken, das ist doch nicht die Schweiz! Leider sticht der Einwand nicht, denn wir haben die Sache der Banken zur Sache der Schweiz gemacht: mit dem Bankgeheimnis, das fortgesetzte Hehlerei mit gestohlenem Steuergeld rechtlich schützt.

Was für ein Bild gibt die Schweiz im Ausland ab?

Vom Ausland her betrachtet ist die Schweiz ein Land freundlicher Menschen, die kollektiv sehr unfreundlich handeln, indem sie Beihilfe leisten zur Plünderung fremder Staatskassen – und dazu auch noch freundlich lächeln, also jedes Unrechtsbewusstsein vermissen lassen. Man bezeichnet solches Lächeln als Heuchelei.

Muss noch hinzugefügt werden, dass die von uns geplünderten Staatskassen Ländern gehören, denen wir unsere vorzüglichen Industrieprodukte verkaufen? Die unsere wichtigsten Handelspartner sind? Von denen wir wirschaftlich leben? Dass wir zum Beispiel die Staatskasse Deutschlands plündern, das unser wichtigster Handelspartner ist?

Wie steht es um unsere Freundschaft mit diesem Nachbarn, dessen Außenminister uns ebenso freundlicherweise wie diplomatischerweise »Freunde« nennt?

Auf Schweizer Bankkonten finden sich 200 bis 300 Milliarden aus dem Besitz von deutschen Steuerflüchtigen. Dieses dem deutschen Staat gestohlene Geld entspricht hinterzogenen Einkommenssteuern von 60 bis 90 Milliarden.

Und: Deutschland hat seit Ausbruch der Finanzkrise Hunderte von Milliarden in die Stabilisierung des Bankensystems und der Konjunktur gesteckt. Die Schweizer Wirtschaft hat massiv von diesen Rettungs- und Konjunkturpaketen profitiert.

Zugleich wehrt sich die Schweiz mit Zähnen und Klauen dagegen, die Steuerflucht aus Deutschland zu stoppen – den Deutschen das Steuergeld zurückzuerstatten, das ihnen gehört, wie ihnen auch die Steuerdaten gehören, die sie sich nun illegal beschafft haben.

Sind wir Freunde der Deutschen? Wir sind Freunde der deutschen Steuerbetrüger.

So wäre es denn allmählich an der Zeit, auf den Begriff »Freundschaft« zu verzichten. Er muss ja auch nicht sein im Umgang mit anderen Nationen. Wir pflegen unsere Interessen. Die andern pflegen ihre Interessen.

Ist es in unserem Interesse, die Sache der Banken als die Sache der Schweiz zu sehen? Das Bankgeheimnis zum modernen Rütlischwur stilisiert zu haben?

Die Schweiz nimmt schweren Schaden durch diese Identifikation! Wer sieht denn noch, was die Schweiz wirklich ist?

Eine hoch kompetitive Industrienation, mit innovativen Patrons und klugen Managern, mit Arbeitnehmern, deren fachliche Kompetenz von kaum jemandem in der Welt übertroffen wird. Auch ist die Schweiz ein Dienstleistungsland der Sonderklasse, von der Hotellerie bis zur Versicherungswirtschaft.

Was also soll das Theater um die Banken und ihr zynisches Geheimnis? Und was heißt schon Banken? Es sind wenige, die uns ins Desaster stürzen. Es sind nicht die ordentlichen Kantonalbanken oder die solide Raiffeisenbank oder die tüchtigen Sparkassen.

Das nämlich gehört auch zur Wirklichkeit, der wir uns endlich stellen müssen: Die Banken, die Verschleierung von Steuerbetrug zu ihrem Geschäftsmodell gemacht haben, zerstören den Finanzplatz – zum Schaden der Banken, auf die wir stolz sein können.

Die Schweiz muss dringend wieder freundlicher werden – freundlicher mit sich selber.

»Sonntagsblick«, 7. Februar 2010

Frank A. Meyer
Deutschland, Deine Schweizer

Hans-Hermann Tiedje, ehemaliger Chefredakteur der »Bild-Zeitung«, spricht in einem Kommentar für eben jenes Blatt vollmundig im Namen aller Deutschen: »Wir lieben dieses kleine, kämpferische, tüchtige, leider nicht immer richtig Deutsch sprechende, aber dennoch kulturell hochstehende, inzwischen sogar recht gut Fußball spielende Bergvolk.«

Das ist das eine Bild der Schweiz.

Das andere malt die Illustrierte »Stern«. Sie schildert die Schweizer als skrupellose »Alpenpiraten«, für die eine Abschaffung des Bankgeheimnisses »eine existenzielle Bedrohung« bedeuten würde, weil sie ja nicht allein »von Chalet-Romantik, Schokolade und Präzisionsuhren« leben möchten.

Die Schweiz hat 330 Banken, 20 davon akquirieren vorwiegend Kunden im Ausland, betreiben mithin das Geschäft der Beihilfe zum Steuerbetrug.

Die Schweiz hat 290 000 Unternehmen.

Das Kreditgewerbe erwirtschaftete vor der Finanzkrise neun Prozent des Bruttoinlandsprodukts, aktuell sind es noch sieben. Um 0,5 bis ein Prozent dürfte der Anteil schrumpfen, wenn das Bankgeheimnis für Steuerbetrüger liquidiert wird.

Die Finanzinstitute beschäftigten vor der Krise etwa 140 000 Menschen, 3,2 Prozent aller Arbeitsplätze. Die Elektro-, Maschinen-, Metall- und Uhrenindustrie gibt 280 000 Menschen Arbeit, der Groß- und Einzelhandel 560 000, das Gesundheitswesen 540 000. »Bergvolk«? »Alpenpiraten«?

Unter den 14 weltweit führenden Industrieländern ist die Schweiz im Rating der Hochtechnologie auf Rang 1 mit ihrem

Maschinenbau, darunter Textil- und Werkzeugmaschinen, Automaten und Roboter; auf Rang 1 mit ihren wissenschaftlichen Präzisionsinstrumenten; auf Rang 1 mit ihrer Pharmaindustrie; auf Rang 2 mit ihrer Chemieproduktion. Allein die Warenexporte der Schweiz pro Kopf der Bevölkerung betragen 26 000 Dollar. Deutschland exportiert pro Kopf für 18 000 Dollar, die USA für 4200 und China für 1700 Dollar. »Bergvolk«? »Alpenpiraten«?

Die Schweiz ist das kompetivste aller Industrieländer, mit einer Facharbeiterschaft, deren Performance im Weltvergleich als unübertroffen gilt.

Auch Swissbanking, sofern es sich des Investment-Hütchenspiels enthält und auf Hehlerei mit Steuerfluchtgeldern verzichtet, ist Weltspitze: Notenbanken, Geschäftsbanken, multinationale Konzerne, Entwicklungsländer und Pensionskassen rund um den Globus schätzen es, ihre Kapitalien von Schweizer Banken verwalten zu lassen. Das alles muss einmal gesagt sein.

Gerade jetzt. Und gerade den Deutschen.

Es muss vor allem deshalb endlich einmal gesagt sein, weil die Schweiz über sich selbst das Allerdümmste erzählt. Gerade jetzt. Und gerade den Deutschen.

Angela Merkel erscheint in der Schweiz auf dem Titelbild einer rechtspopulistischen Wochenzeitung als peitschenbewehrte Reiterin des Schweizer Finanzministers Hans-Rudolf Merz, im Hintergrund streckt Wolfgang Schäuble den Kopf aus einem feldgrauen Panzer. Ist die Schweiz tatsächlich so verblödet?

Es macht leider ganz den Anschein: Die jungfreisinnige Partei, das Schweizer Pendant zu Deutschlands »Julis«, publiziert ein »Wanted«-Plakat mit den Köpfen von Merkel und Schäuble.

Politiker und Publizisten der rechtspopulistischen SVP, immerhin der größten Schweizer Partei, diffamieren die Regierung in Berlin als kriminell und fordern die Verhaftung jedes deutschen Ministers, der es wagt, Schweizer Boden zu betreten.

Der helvetische Populist Christoph Blocher, seit Jahren Wortführer der äußeren Rechten, verunglimpft die Kanzlerin des Nachbarlandes: »Leider fehlt ihr das Unrechtsbewusstsein. Frau Merkel hat aufgrund ihrer Geschichte – sie stammt aus der DDR – ein anderes Verständnis vom Verhältnis Staat-Bürger.«

Den deutschen Medien behagt das Gelärm aus der Schweiz. Sie führen das »Bergvolk« vor: zum Belächeln. Sie präsentieren die »Alpenpiraten«: zum Beschimpfen.

Die Schweiz ist das nicht. Ein Teil der Schweiz allerdings schon. Nämlich der kleine Teil des Landes, der sich in den vergangenen dreißig Jahren sukzessive der übrigen Schweiz und ihrer politischen Instanzen bemächtigt hat: die Bankenschweiz, die Spekulantenschweiz, die Geldschweiz.

Diese mächtige Minderheit verfolgt ein langfristiges Projekt: Das »Bergvolk« soll Statist spielen in einem Alpen-Monaco oder Alpen-Singapur, dem Wohlfühlresort für die Oligarchen einer unsicher gewordenen Welt. Wie im Zweiten Weltkrieg der Schweizer Heerführer General Henri Guisan das Réduit, seine Alpenfestung, in den Granit treiben ließ, so träumen die Banker von einer Luxusfestung für die Reichen und Reichsten.

Teilweise ist der Bau schon fortgeschritten, virtuell und ganz konkret: durch Pauschalsteuern und Niedrigsteuern, durch Luxuswohnzonen, ja durch ganze Regionen, in denen das Leben nur noch für sehr gut Betuchte erschwinglich ist – von St. Moritz im Oberengadin über die Gold- und Silberküste am Zürichsee bis zu den grandiosen Gestaden des Genfersees.

Die weltweite Finanzkrise und der daraus folgende Druck auf das Bankgeheimnis hat die Vollendung dieser Monaco-Schweiz ins Stocken gebracht: Europa fordert auch von ihr europäische Fairness und europäischen Anstand.

Die Schweizer Politik lernt derzeit von Tag zu Tag, dass die globale Vernetzung des Landes nicht ohne globale Regeln funktioniert. Die Schweizer Bürger lernen derzeit von Tag zu Tag, das zu sein, was sie längst sind: Das »Bergvolk« ist ein Weltvolk. Ob es will oder nicht.

»Cicero«, 1. März 2010

Frank A. Meyer
Verkehrte Welt

Ja, wir sind ein stolzes Volk. Und auf nichts so stolz wie auf unsere direkte Demokratie. Sollte man meinen. Stolz sind wir natürlich gerade jetzt, nach dem Entscheid gegen die europäische Einwanderung. Sollte man meinen.

Denn: Was gilt, das gilt. Auch wenn es womöglich der falsche Entscheid war.

Doch nun reist unser Außenminister durch die Hauptstädte Europas und bittet um Milde. In Deutschland will er sie gefunden haben. Angela Merkel strich ihm mütterlich übers akkurat gescheitelte Haupthaar und ließ ihn tröstend wissen: Es gebe überhaupt keinen Grund, jetzt jegliche Kooperation zu stoppen.

Also kann es weitergehen wie bisher, mit Ausnahme der Personenfreizügigkeit natürlich, die von der Schweiz ja gerade eben aufgekündigt worden ist. So interpretiert die stolze Schweiz ängstlich-hoffungsvoll die Bundeskanzlerin.

Verdrängt wird dabei die Feststellung derselben deutschen Bundeskanzlerin: »Eines der Prinzipien ist nun einmal die Personenfreizügigkeit, hinter welcher Deutschland voll steht.«

Darum aber geht's. Und das ist der Konflikt.

Von ganz Europa fordern wir Respekt für den Schweizer Volkswillen.

Müssen die Europäer vor uns Schweizern niederknien?

Oder ist es vielleicht gar nicht so weit her mit dem Schweizer Stolz?

Ein aggressives Wehgeschrei hat eingesetzt gegen jede kritische Reaktion aus Brüssel: Vom Drohen, von Härte, vom Zurückschlagen der EU ist klagend-beleidigt die Rede.

Soll sich die EU dafür bedanken, dass wir ihr erhabenstes Bürgergrundrecht zerknüllt und in den Papierkorb geworfen haben?

Der Zürcher »Tages-Anzeiger« illustrierte die seltsame Schweizer Betrachtungsweise gleich mit zwei Karikaturen: Am 13. Februar war auf Seite eins zu sehen, wie die EU unserer züchtigen Helvetia den Hintern zeigt; am 18. Februar pinkelte – ebenfalls auf Seite eins – das Brüsseler Wahrzeichen Manneken Pis der Schweiz vor die Füße.

Respektloses Europa? Oder blickt die Schweiz verkehrt auf die Welt?

Betrachten wir es doch einmal aus der Sicht der Europäischen Union: Helvetia zeigt ihr mit dem Volksentscheid vom 9. Februar den blanken Hintern; und es ist ein Schweizer Sennenknabe, welcher Brüssel vor die Füße pinkelt.

In Wahrheit ist es nicht eine kleine, brave Schweiz, die der großen, bösen EU arglos in die Fänge geraten ist. Es ist die Schweizer Finanz-Großmacht, es ist der Schweizer Steueroptimierungs-Standort, es ist die Schweizer Export-Großmacht, die ihrerseits die europäischen Nachbarn herausfordert.

Übt die Schweiz selbst die Milde, die sie von ihren Nachbarn erwartet? Kroatien wurde aus Bern eiskalt telefonisch beschieden, dass für seine Bürger freizügige Einwanderung in die Schweiz nicht mehr infrage komme. Respekt für eine kleine Nation?

»Was du nicht willst, das man dir tu, das füg auch keinem andern zu«, lautete eine universal verständliche Volksweisheit. Ist es auch eine Schweizer Weisheit?

»Sonntagsblick«, 23. Februar 2014

Frank A. Meyer
Ein Freund der Schweiz

Es wäre mehr als angemessen, dass die Schweiz in diesen Tagen Trauer trägt. Ja, die düsteren Stunden der vergangenen Woche bieten Anlass, die Schweizer Fahne über der Bundeskuppel auf Halbmast zu senken und dem stolzen Weiß-Rot einen schwarzen Flor beizugesellen.

Weshalb? Weil ein treuer Freund der Schweiz zu dreieinhalb Jahren Gefängnis verurteilt wurde, verurteilt wegen Steuerbetrugs in der Höhe von 28,5 Millionen Euro – Uli Hoeneß, allmächtiger Präsident und Aufsichtsratsvorsitzender des FC Bayern München, großmächtiger Schwarzgeldzocker bei der Zürcher Bank Vontobel.

Uli Hoeneß, ein Freund der Schweiz? Einer mit Anspruch auf das Mitgefühl des ganzen Landes?

Jawohl. Die Staatstrauer um einen Betrüger, der demnächst auf dem Gefängnishof der Haftanstalt Landsberg seine Runden drehen dürfte, ist nur konsequent. Schließlich hat sich auch niemand in den vergangenen Jahren so hingebungsvoll um Uli Hoeneß gekümmert wie die Schweiz. Nicht einmal seine Verteidiger im Münchener Justizpalast.

Mit einem eigenen Staatsakt wollte die Schweiz ihren hochgeschätzten Bankkunden vor dem deutschen Strafgericht bewahren. Das Abkommen zur Abgeltungssteuer hätte ihm Anonymität und Amnestie zum Schnäppchenpreis garantiert.

Der helvetische Topdiplomat Michael Ambühl[1], der Di-

---

1 Der Diplomat leitete als Staatssekretär des Eidgenössischen Finanzdepartements die Steuerverhandlungen mit den USA und den Nachbarländern der Schweiz.

plomat leitete als Staatssekretär des Eidgenössischen Finanzdepartements die Steuerverhandlungen mit den USA und den
Nachbarländern der Schweiz, trickreicher Schutzengel des
Schwarzgelds und der Hinterzieher, ließ Uli Hoeneß die
höchsten seiner Verhandlungskünste angedeihen. Fast wäre
der Deal für den Dealer geglückt. Erst als sich der deutsche
Bundesrat, das Länderparlament, diesem Ansinnen verwei-
gerte, entschloss sich der Bayern-Boss zur Selbstanzeige, damals bereits bedrängt von einer Recherche des Magazins
»Stern«.

Ja, die Schweiz hat sich um Wohl und Wehe von Uli
Hoeneß bemüht, wie man sich eben nur um einen wirklich
guten Freund bemüht.

Deshalb die Trauer, deshalb die Bundeshausfahne auf
Halbmast, deshalb der Flor: Ein Freund ist gestürzt. Wäre
nicht gar eine Schweigeminute angebracht?

Doch lasst uns besser fortfahren mit diesem Text – und
Folgendes festhalten, bevor die Erinnerung gänzlich verfliegt:
Die Steuerbetrüger in Deutschland, im übrigen Europa, in
den USA und anderswo waren jahrzehntelang unsere innigs-
ten Freunde, ihre Zuneigung erwiderten wir mit höchster Dis-
kretion, mit Bankgarantien und Treueschwüren.

Vielen klingt heute noch der Schwur in den Ohren, den
Finanzminister Hans-Rudolf Merz der Restwelt hochgemut
am 19. März 2008 entgegenschmetterte: »An diesem Bankgeheimnis werdet ihr euch die Zähne ausbeißen.«

Das Bankgeheimnis als postmoderner Rütlischwur! Welcher Hoeneß hätte nicht darauf bauen wollen?

Mit dem Bankgeheimnis hatte sich die Schweiz ein Rechts-
werkzeug zum Aushebeln des Rechtssystems anderer Nationen
gebastelt. Weniger diskret formuliert: ein System zur Plünde-

rung fremder Staatskassen – durch Verstecken und Bewirtschaften von Abermilliarden unversteuerter Gelder.

Hoeneße aus allen Himmelsrichtungen umschwärmten die Schweiz wie Schmeißfliegen: ein kleines, fleißiges Land, das vom Export lebt – und sich gleichzeitig erdreistete, befreundete Nationen, die seine Produkte importierten, um horrende Steuersummen zu betrügen.

Uli Hoeneß muss ins Gefängnis, weil er ein Verbrechen begangen hat – schweren Steuerbetrug – mit tätiger Hilfe einer Schweizer Bank, mit Hilfe eines Schweizer Gesetzes.

Dem Freund der Schweiz ist nun nicht mehr zu helfen. Aber vielleicht bringt ihm ja Hans-Rudolf Merz demnächst Appenzeller Mostbröckli in seine Zelle.

»Sonntagsblick«, 16. März 2014

Wir haben immer ein Recht, unsere Sache vorzutragen

Über die Universalität der Menschenrechte

Jakob Augstein: Sie betrachten die Menschenrechte als universal durchsetzbar. Dagegen spricht die Geschichte ebenso wie die Gegenwart.

Frank A. Meyer: Die Menschen haben sich letztlich jeder Entwicklung in der Geschichte gewachsen gezeigt. Es gab fürchterliche Diktaturen und fürchterliche Auseinandersetzungen wie den Dreißigjährigen Krieg oder die Weltkriege – aber die Menschen haben gelernt, manchmal auch wieder verlernt, aber dann doch erneut gelernt. Wir leben – Sie und ich – auf dem besten Kontinent zu einer der besten Zeiten. Diesem Zustand sind viele Kämpfe und Abermillionen Opfer vorausgegangen. Aber der Zustand unseres Kontinents ist das Resultat dieser Kämpfe: Weil die Menschen schreckliche Zustände nicht hingenommen haben, bekämpft haben, besiegt haben. In der Gegenwart sind Google und Twitter und die Geheimdienste gewaltige, aber friedliche Herausforderungen. Der Mensch wird sich auch ihnen gewachsen zeigen.

Ich kann mit dieser Sichtweise überhaupt nichts anfangen. Sie ist mir zu teleologisch. Die Zeiträume, an die Sie möglicherweise denken, sind mir zu lang. Und ich finde diese Sichtweise egozentrisch. Es geht uns nur deshalb gut, weil wir unsere persönlichen

Grenzen ausgedehnt haben, unseren Wohlstand auch auf dem Boden anderer Menschen sichern. Wir leben hier frei und einigermaßen angenehm, während anderswo Elend, Hunger, Leid und Krieg herrschen. Uns geht es gut, anderen nicht.

Meine Sicht ist keine egozentrische, sondern eine eurozentrische Sicht. Ich glaube allerdings beobachtet zu haben, dass die europäischen Verhältnisse in den Gesellschaften, wo Armut und Unterdrückung herrschen, als vorbildhaft empfunden werden.

Ich glaube, Sie sitzen hier einem ganz schrecklichen Missverständnis auf – einem Missverständnis, das die Wurzel für ganz viel Übel ist. Ich meine den Anspruch Europas, eine Vorbildfunktion für die Afrikaner, Inder, Chinesen, Japaner oder Südamerikaner sein zu wollen.

Das habe ich nicht gemeint.

Der koloniale Machtanspruch des siebzehnten, achtzehnten und neunzehnten Jahrhunderts wurde durch einen kolonialen Werteanspruch ersetzt, der bis heute gilt. Nachdem Europa die Welt untertan gemacht hat, will es die Welt wissen lassen, wie man gut zu leben hat. Aktuell glauben wir den Muslimen erzählen zu müssen, wie sie zu leben haben. Ein fataler Irrtum!

Da tut sich ein tiefer Graben zwischen uns auf.

Zum Beispiel, was die Rolle der Frau angeht. Wir wollen den muslimischen Gesellschaften erzählen, wie die Frau zu behandeln ist.

Wenn ich Europa sage, meine ich nicht irgendein europäisches, sondern ich meine das abendländische Modell. Aus diesem Modell haben sich Werte ergeben, die universale Werte sind. Die Tränen, das Leid, der Schmerz, körperlich und seelisch, sind universal. Eine Frau, die in Saudi-Arabien oder im Iran gesteinigt wird, ruft nicht, wenn sie jemand vor der Steinigung bewahren will: »Lasst mich, das ist doch unsere Kultur!« Es sind nur die Herrschenden in solchen Ländern, die sagen: »Das ist unsere Kultur!« Oder nehmen Sie den Burka- und Kopftuch-Zwang: Hier wirkt das Religiöse totalitär. Hier riegelt die Religion nicht nur eine Gesellschaft hermetisch vor anderen Einflüssen ab, sie zwingt auch den einzelnen Menschen zur Unterwerfung.

Wir leben in einer heuchlerischen Gesellschaft. Wir sagen: »Diese armen Menschen im Iran müssen Kopftücher tragen oder werden gesteinigt.« Gut, dann lasst uns aber alle Totalitarismen gleichermaßen in das Kreuzverhör unserer Kritik nehmen.

Ich habe nicht behauptet, dass alle Frauen Kopftücher tragen müssen, weil sie andernfalls gesteinigt werden. Allerdings müssen die Frauen Kopftücher tragen, und wenn sie es nicht tun, werden sie bestraft. Und es werden nicht alle, die eine Sünde wider den Glauben begangen haben, gleich gesteinigt, aber einige schon. Das genügt. Ich behaupte auch nicht, dass Sie ein Relativist sind. Ich bin Ihnen, als Sie wegen eines israelkritischen Kommentars unter Feuer kamen, beigesprungen.

Da haben Sie ein gutes Beispiel für einen komplett geschlossenen Diskurs. Das Thema »Israel« ist ein Paradebeispiel für einen geradezu kugelförmigen Diskurs, in den es kein Hineinkommen und aus dem es kein Herauskommen gibt, je nachdem, wo Sie gerade stehen. Bei diesem Thema versagt unsere Debattenkultur vollständig. Was nun allerdings auch keine Überraschung ist.

In Israel selbst ist es anders. Da gibt es diese Debattenkultur. Ich habe ein Verständnis dafür, dass man in Deutschland mit dem Thema Mühe hat. Man hat hier auch mit dem Islam Mühe – wer offen über den Islam redet, wird sofort als Rassist abgestempelt. Die kritische Haltung gegenüber dem Islam überlässt man den Rechten, was ich für fatal halte. Die Linke überlässt leider sehr viel der Rechten. Das liegt an der deutschen Vergangenheit, ist aber ein Fehler.

Aber wir haben doch gar kein Problem mit »dem Islam«, sondern soziale Probleme mit der Integration von Muslimen.

Doch, haben wir. Wir haben ein kulturelles Problem mit dem Islam und das führt unter anderem zu sozialen Problemen. Weshalb ist die abendländische Welt wissenschaftlich und wirtschaftlich so weit gekommen? Es liegt am Humanismus und an der Reformation. Man sagt: »Die Deutschen können keine Revolution machen.« Die größte Revolution der Weltgeschichte haben Deutsche gemacht. Luther wollte eine religiöse Reform der katholischen Kirche. Doch er hat den Geist der Emanzipation aus der Flasche gelassen. Luther erklärte, jeder Gläubige könne mit Gott kommunizieren. Das war ein unglaublicher emanzipatorischer Schritt: Eine komplette Klasse von Vermittlern zwischen Gott und den Gläubigen wurde damit eliminiert – der ganze Klerus. Luther sagte: Jeder Gläubige soll die Bibel lesen! Und die Gläubigen wollten Lesen lernen. Der Einzelne, das Individuum, war plötzlich wichtig. All der Ehrgeiz, unser Schicksal in die Hand zu nehmen durch Bildung und Ausbildung, geht auf Luther zurück. Diesen Ehrgeiz entwickelten andere Religionen nicht im gleichen Maße. Sie finden ihn bei vielen jungen gläubigen Muslimen nicht. Das aber ist ein kulturelles und nicht soziales Problem. Leider betrachten die sozialdemokratische und die grüne Linke praktisch jedes Problem als soziales Problem. Sie hängt der linken Utopie an, dass sich alle gesellschaftlichen Konflikte wie beispielsweise der Rassismus oder der Sexismus in Nichts auflösen, wenn erst einmal die ökonomischen Probleme gelöst sind. Ich halte das für einen ganz großen Irrtum.

Sie vereinfachen bewusst. Die Linken glauben bekanntlich, dass das Sein das Bewusstsein bestimmt, und das Sein beeinflusst man besten über seine ökonomischen Grundlagen. Sie kritisieren an der Linken, dass sie die kulturelle Dimension vernachlässigt. Normalerweise wird an der Linken aus bürgerlicher Sicht die Neigung zum social engineering kritisiert – also das Übermaß an Regulierungswut. Das ist kurios. Wie hätten Sie es denn nun gerne?

Den pädagogischen Furor der Linken bestreite ich nicht. Die deutschen Grünen sind davon besonders infiziert.

Das steckt ja auch in der Idee der universalen Menschenrechte. Deshalb ist die Französische Revolution in ihrem emanzipatorischen Charakter eine linke Geschichte. Die Menschenrechte werden postuliert und gelten nicht nur für Frankreich und Europa, sondern für die ganz Welt. Nach der Revolution hat sich der Nationalkonvent getroffen und festgestellt: Wir haben als Franzosen unsere Souveränität erklärt und das gilt automatisch auch für alle anderen Nationen. In Wahrheit war das eine Anmaßung. Immerhin musste der Westen auf diese Weise auch im säkularen Zeitalter beim Erobern kein schlechtes Gewissen haben. Früher brachte man das Christentum – heute eben das Selbstbestimmungsrecht der Völker. Hier nimmt das linke Sendungsbewusstsein seinen Lauf.

Nein...

… die Chinesen lachen doch, wenn sie so etwas hören. Die haben eine fünftausendjährige Geschichte, die ganz anders verlaufen ist als die europäische.

Ich bin gar nicht der Meinung, dass wir zu den Chinesen gehen können und sagen: »Ihr müsst jetzt aber…« Doch die Menschenrechte gelten für alle Menschen, auch für die Chinesen. Die Gleichung des Regimes für das Volk lautet: Produktion plus Konsumtion minus Freiheit. »In der Fabrik dürft ihr kreativ sein, dafür geht es euch wirtschaftlich immer besser, aber politisch müsst ihr den Mund halten!« Diese Gleichung verletzt die universalen Menschenrechte.

Sie missverstehen mich, wenn Sie glauben, dass ich China für eine vorbildliche Gesellschaft halte. Ich glaube nur, dass wir kein Recht haben, den Chinesen zu sagen, sie sollten Demokraten nach unserer Façon werden.

Wir haben immer ein Recht, unsere Sache vorzutragen.

Wir haben auch kein Recht, den Afghanen zu sagen, sie sollen eine Demokratie schaffen.

Aber das ist doch keine Frage des Rechts!

Der Westen versucht immer wieder anderen Kulturen zu sagen, wie sie ihre Ordnungen gestalten sollen. Und wenn diese Kulturen es nicht freiwillig tun, gehen wir hin und machen es mit Waffen – wenn wir können. Schauen Sie sich doch die Ergebnisse der westlichen Interventionen an. Es geht beinahe immer schief – und das ist doch kein Zufall! Es hat im neunzehnten Jahrhundert nicht funktioniert, im zwanzigsten nicht und es wird weiterhin nicht funktionieren. Bei jeder dieser Interventionen sterben unterm Strich mehr Leute, als wenn der Westen nicht dorthin gegan-

gen wäre. Bei Afghanistan kommt gern das Argument: Die Solda-
ten aus dem Westen verhindern, dass die Taliban Mädchen Säure
ins Gesicht schütten. Wonach bemessen Sie den Erfolg einer west-
lichen Intervention? Vielleicht sind in der Zeit, in der westliche
Truppen im Land standen, weniger Verbrechen dieser Art passiert.
Aber wie viele Menschen sind in dem Krieg umgekommen? Ist es
etwa in Ordnung, dass mehr Leute sterben, aber dafür weniger
Mädchen Säure ins Gesicht geschüttet wird? Ein absurder Ge-
danke. Aber das westliche Denken folgt dieser Logik. Der Westen
müsste Demut vor anderen Kulturen üben. Aber er ist selbst eine
hochmütige Kultur.

Darf ich?

Bitte.

Erstens haben Sie nicht widerlegt, dass diese grundlegenden,
existenziellen Werte, die ich als Anrecht des Menschen bezeichnen möchte, universal sind. Es gibt in jeder Kultur Menschen, die diese Werte verwirklichen wollen, ihnen sollte
unsere Unterstützung gehören! Zweitens ist niemand nach
Afghanistan gegangen, um den Menschen dort unsere Kultur
zu bringen.

Das stimmt nicht. Die damalige Entwicklungshilfeministerin
Heidemarie Wieczorek-Zeul hat sinngemäß gesagt: »Wir führen
hier keinen kolonialen Eroberungskrieg, die Bundeswehr sorgt
vielmehr dafür, dass die Mädchen dort endlich zur Schule gehen
dürfen.« Das ist gefährlicher Unsinn!

Das waren Begleit-Schalmeien. Man ist wegen Al-Qaida nach
Afghanistan gegangen. Das war ein Fehler, erscheint mir aber
als Reflex auf »Nine-Eleven« irgendwie verständlich. Die
Gründe für den Einmarsch im Irak waren reine Manipula-

tion – da hat Deutschland nicht mitgemacht. Ich habe einst in der Schweiz gegen den Vietnamkrieg demonstriert. Ich hatte damals schon den Eindruck: Die Amerikaner wollen bisweilen das Gute und tun das Schlechte.

Das ist eine zu leichte Entschuldigung. Joschka Fischer hat gesagt, die Neocons um George Bush junior erinnerten ihn an die Linken seiner Jugendzeit: Sie glauben, dass man mit Waffengewalt etwas Gutes bewirken kann. Aber ein Land, das in einem fremden Land einmarschiert, will nicht das Gute.

Ich habe nicht gesagt: »Weil sie das Gute gewollt haben, sehe ich ihnen das Schlechte nach.« Ich war schon bei Vietnam gegen einen Einmarsch und halte solche Kriege noch immer für falsch. Sie gehen meistens schief. Ich bleibe aber dabei, dass der Westen die Idee der universalen Menschenrechte verbreiten, ein Bewusstsein für diese Idee schaffen muss. Sie haben von China gesprochen. Dort orientiert sich die politische Ordnung noch immer an der Idee eines politischen Zentralkomitees: Das Zentralkomitee repräsentiert alle gesellschaftlichen Schichten; die Demokratie kommt also von oben; deshalb braucht es keine von unten. Und dagegen sollen wir nichts sagen?

Lebt der feudale Großgrundbesitzer in Südamerika die Werte der Französischen Revolution?

Wir messen sein Verhalten an diesen Werten. Um nichts anderes geht es.

Lebt der New Yorker Börsenhändler die Werte der Französischen Revolution?

Ich bitte Sie. Das ist jetzt ein bisschen krude.

Nein, das ist die Realität des Westens.

Es geht darum, dass wir eine offene Gesellschaft haben, für die wir kämpfen, bei uns und anderswo. Da bin ich ganz Popperianer: Der wichtigste Wert in einer offenen Gesellschaft ist die Freiheit. Freiheit ist die Grundlage allen menschenwürdigen Zusammenlebens. Der Freiheitsbegriff gilt universal. Und er ist konkret.

Ich bin nicht Ihrer Meinung. Ich verstehe die Problematik meines Arguments. Sicherlich sind wir in mancher Hinsicht freier als andere, aber frei sind wir natürlich auch nicht.

Wir sind immer frei in dem Rahmen, den wir uns gegeben haben.

Auch in einer offenen Gesellschaft können Sie bestimmte Dinge nicht tun. Die Bundeskanzlerin kann den Amerikanern eben nicht sagen: »Hört auf mit dem Abhören!« Obwohl sie das Recht dazu hätte.

Sie kann es sagen.

Nein, sie kann es nicht.

Sie hat es nur nicht gesagt.

Das würde nichts ändern. Wir alle unterliegen den Machtverhältnissen.

Sie können nicht erwarten, dass die Abhör-Manie sofort aufhört, nachdem sich jemand beschwert hat. Es ist ein Problem unserer Talkshow-Demokratie, zu glauben: Wenn etwas gesagt ist, muss es sofort Wirkung zeigen. Und wenn es nicht sofort Wirkung zeigt, ändert sich nie etwas. Manchmal braucht eine Entwicklung einfach Zeit.

Sie missverstehen mich. Mir geht es um etwas anderes. Mir geht es darum, dass wir im Westen zu einem Schwarz-Weiß-Denken neigen. Wir tun so, als hätten wir die Freiheit und andere Kulturen hätten sie nicht. Und das ist eine Lüge. Wir definieren selber, was wir unter Freiheit verstehen, und stellen dann befriedigt fest, dass wir über mehr Freiheit verfügen als andere. Aber wir nehmen zum Beispiel überhaupt nicht die Pluralität wahr, die mittlerweile in China herrscht. Der Westen sieht China als Monolithen, der von oben gesteuert wird. Wir nehmen nicht wahr, wie viel in China diskutiert und gestritten wird, nur weil China keine Demokratie nach westlichem Muster ist. Unser eurozentrischer Blick prägt massiv unser Denken und Handeln: »Der Iran ist das Reich des Bösen, China kennt keine Demokratie, Amerika ist ein Rechtsstaat.« Das sind Floskeln und Formeln, die in dieser Schärfe längst nicht mehr stimmen. China ist hin und wieder pluralistisch und Amerika ist durchaus nicht immer ein Rechtsstaat. Ich fürchte, je länger man darüber nachdenkt und je näher man hinsieht, desto agnostischer sollte man werden.

Für mich ist die Demokratie keine moralische Angelegenheit, sondern ein politisches Lösungsmodell. Ich will anderen Kulturen keine Moral bringen, sondern das einzige funktionierende Lösungsmodell zur Organisation von Gesellschaften. Natürlich haben die Chinesen ihre eigene Geschichte und vor allem ihre eigene Größe. Angeblich gibt es in diesem Riesenreich über tausend Aufstände pro Jahr. Das braucht eine andere Struktur als Deutschland oder die Schweiz. Aber es muss zum Beispiel eine föderale Struktur sein, und sie muss Macht brechen, Gewalten teilen. Das ist das Charakteristikum der Demokratie.

Und die Politik hat Einflussmöglichkeiten. Wenn ein autoritärer Staat mit dem Westen Verträge schließen möchte, dann nur zu gewissen Bedingungen: zum Beispiel Fortschritte bei den Menschenrechten, Freilassung politischer Gefangener.

Solange der Westen mit Saudi-Arabien und anderen Golfstaaten herrliche Geschäfte macht, ohne vergleichbare Bedingungen zu stellen, wirken solche Forderungen lächerlich. Am Golf stellt er sie nicht, weil er dringend das Öl braucht. Als Despot eines rohstoffarmen Landes würde ich zu einem westlichen Staatsmann sagen: »Sie können nur so hochmütig mit mir reden, weil wir keine Petrodollars haben, keine Rohstoffe, die Sie für Ihre Wirtschaft brauchen. Ihre Moral ist eine Scheinmoral. Wir lassen uns von Ihnen nicht sagen, was wir in unserem Land zu machen haben.«

Das chinesische Regime hat jetzt angekündigt, die Umerziehungslager aufzulösen. Es hat hier ein Imageproblem. Wenn die Umerziehungslager nicht schon länger international geächtet würden, wäre es nicht zu ihrer Schließung gekommen.

Sie glauben doch nicht im Ernst, dass die Umerziehungslager auf den Druck des Westens hin aufgelöst werden?

Nein. Das Regime will sie selbst nicht mehr. Es erkennt, dass man sich mit dem Westen arrangieren muss. Im Zeitalter der Globalisierung ist auch China abhängig vom Rest der Welt, Tag und Nacht.

Ich halte diese Entscheidung für das Ergebnis innerchinesischer Entwicklungen. Im Land selbst werden immer weitere Bevölkerungskreise von einem bürgerlichen Selbstbewusstsein erfasst. Sie lassen sich zum Beispiel solche Umerziehungslager nicht mehr gefallen.

Damit sprechen wir über zwei Varianten der bürgerlichen Bewusstwerdung. Sie nennen es eine interne, ich sage, sie ist von außen angestoßen. Ich wäre froh, es bräuchte keinen Anstoß von außen, aber es braucht ihn. Der Westen soll kein exaktes Vorbild liefern, aber eine Herausforderung sein.

Für mich ist »der Westen« eindeutig zu verorten: in der Kultur der rechtsstaatlichen Demokratie, in der Sie eine Gewaltenteilung haben und eine Regierung abwählen können. Popper hat die Grenzlinie zwischen einer demokratisch-freiheitlichen und einer totalitären Ordnung darin gezogen, dass ein Volk seine Regierung abwählen kann. Das ist zugegeben ein minimaler westlicher Konsens, aber ein fundamentaler.

Ich halte das für ein schwaches Kriterium. Wir erleben heute in vielen Ländern, wie z. B. Russland, dass Wahlen nicht das konstitutive Element einer demokratischen Ordnung sind.

Der Wahlakt alleine reicht noch nicht.

Eben. Auch im Westen wurde das allgemeine Wahlrecht erst eingeführt, als die Institutionen des bürgerlichen Staates schon lange bestanden. Demokratie ohne bürgerliche Institutionen ist keine besonders angenehme Sache.

Sie haben in Russland oder in Ägypten noch keine Demokratie, nur weil Sie freie Wahlen haben. Es muss der Rechtsstaat hinzukommen. Das Rückgrat der Demokratie ist der Rechtsstaat. Der Rechtsstaat basiert auf den universalen Menschenrechten.

Ich halte den Rechtsstaat für eine kurze Ausnahmeerscheinung in der Geschichte, die ihre beste Zeit hinter sich hat. Der Rechtsstaat existierte, als die bürgerliche Gesellschaft noch ein Gegengewicht zum kapitalistisch-sicherheitspolitischen Komplex bilden konnte, über den wir gesprochen haben. Mit der immer zügelloseren

Macht dieses Komplexes werden die Prinzipien des Rechtsstaates hinter andere Leistungen des modernen Staates – freier Konsum, Sicherheit von Leben und Gesundheit – zurücktreten. Großbritannien zum Beispiel, eine Wiege der Demokratie, hat mehr Videokameras auf die Bevölkerung gerichtet als jedes andere Land der Erde. Die Bürger sind damit einverstanden, ja wollen es selbst – und geben dafür ein wichtiges Prinzip von Rechtsstaatlichkeit preis, so wie wir sie bisher verstanden haben. Aber solche Begriffe sind immer im Fluss.

Ich teile Ihre Analyse als Beschreibung eines augenblicklichen Zustands. Anders als Sie, erwarte ich aber nicht, dass es bei diesem Zustand bleiben wird. Die Oligarchie des kapitalistisch-sicherheitspolitischen Komplexes – wie überhaupt jede Oligarchie – kann die Probleme einer Gesellschaft auf Dauer nicht lösen. Das kann nur die bürgerliche Demokratie, und das meine ich jetzt nicht moralisch, sondern strukturell. Die Menschen werden erkennen, dass ihre Probleme ungelöst bleiben – und die Lösung selbst in die Hand nehmen. Wir erleben eine solche Entwicklung in Deutschland: Die Leute wehren sich gegen den Transport von radioaktivem Müll durch das Land oder gegen den Bau eines Bahnhofs. Der Mensch ist der Mensch. Er strebt nach seiner individuellen Entfaltung. Dieses Streben hört nicht auf, wenn er Angehöriger einer Gesellschaft mit allen Rechten und Pflichten wird. Er verlangt von einer Gesellschaft mehr als Brot und Spiele. Er möchte so leben, wie es ihm gemäß ist. Er will er selbst sein. Nur eine demokratisch organisierte Gesellschaft von gleichberechtigten Bürgern kann diesen Anspruch erfüllen. Es gibt Phasen in der Geschichte, in denen die Menschen nur Objekte sind, weil sie von einer kleinen Herrschaftsschicht unterdrückt werden. Man kann sie eine Weile manipulieren und unterdrücken, aber letztlich bricht sich ihr tiefer Wunsch nach Freiheit und Emanzipation immer wieder Bahn.

Stellen Sie sich doch einmal den umgekehrten Fall vor: Es kommt jemand aus Indonesien oder Saudi-Arabien, wo er in einem funktionierenden Familienzusammenhang lebt, zu uns und sagt: »Es ist so unmenschlich bei euch. Die Hälfte eurer Haushalte sind Single-Haushalte. Millionen von Menschen treiben sich einsam zu Hause auf Internet-Plattformen oder in Bars herum. Und außerdem geht ihr erbärmlich mit euren alten Leuten um. So dürft ihr nicht weiterleben!« Was würden Sie auf diesen Vorhalt antworten? Sie würden ihn zurückweisen, so wie er ihren Vorhalt zurückweisen muss.

Sie haben jetzt ein Szenario konstruiert, dem man nun wirklich nicht widersprechen kann. Ihr Pech ist allerdings, dass dieses Szenario nur bedingt der Wirklichkeit entspricht – das Leben in der arabischen Großfamilie schafft nicht einfach Geborgenheit, sondern auch Unfreiheit, während der Surfer auf Parship.de vielleicht einsam ist, aber auch persönlich frei, eine solche Suche zu machen oder sie zu lassen. Ich will aber nicht unterschiedliche soziale Modelle vergleichen, sondern auf die Menschenrechte, die Grundrechte kommen, die universal sind, und auf die auch eine Frau in einer arabischen Großfamilie ein Anrecht hat. Keine wie auch immer geartete Kultur kann die Universalität der Grundrechte relativieren. Für Vergehen im Westen gilt es nicht weniger: Wenn die USA auf Kuba ein Foltergefängnis betreiben, müssen wir das kritisieren.

Die US-Administration ist der Meinung, dass sie jedes Menschenrecht brechen kann, um eigene Interessen durchzusetzen. Die USA verabsolutieren ihre eigenen Interessen auf die ganze Welt. Dieses

Denken ist totalitär und damit gefährlich. In unserem Grundgesetz steht: »Die Würde des Menschen ist unantastbar.« Wir verstehen sie als höchsten unteilbaren, nicht mehr relativierbaren Wert. Für Amerika gilt das nicht. Die amerikanische Politik ordnet die Menschenrechte ihren eigenen Machtinteressen unter. Ich glaube, dass wir Europäer weder ein Modell noch eine Herausforderung sind. Ich glaube, dass die nicht-westlichen Völker mit demselben desinteressierten Schulterzucken auf den Westen schauen, wie es die USA mit Blick auf Europa tun.

Nochmals Einspruch! In der EU leben über 500 Millionen Menschen mit der kreativsten Wirtschaft und den höchsten ökonomischen Standards überhaupt. Das ist ein gewaltiger Raum mit einer starken gemeinsamen Währung der Eurostaaten. Europa ist der ökonomisch mächtigste Raum auf der ganzen Welt!

Dann lassen Sie uns aber hoffen, dass dieses Europa auch seine gemeinsame Identität und seine gemeinsame Handlungsfähigkeit findet und definiert und sich diese Handlungsfähigkeit nicht vom großen amerikanischen und vom großen chinesischen Block aus der Hand nehmen lässt. Nach dem Ende des Ost-West-Konflikts haben wir gedacht, jetzt sei das Denken in Blöcken überwunden, aber das ist es keinesfalls. Europa muss erkennen, dass die Vereinigten Staaten und Europa, was ihre strategischen Interessen angeht, keineswegs in derselben Mannschaft spielen. Das haben unsere Politiker noch nicht begriffen.

Die Vereinigten Staaten und Europa spielen in einer Liga, aber nicht in derselben Mannschaft. Wir müssen manchmal ein Foul mit einem Foul beantworten. Im Übrigen ist die Kreativität der europäischen Wirtschaft doch überhaupt nicht gefährdet. Über Franz-Josef Strauß habe ich gesagt, dass Ihr

Vater ihn gottlob als Bundeskanzler verhindert hat, aber eine gute Idee hatte er: den Airbus. Europa schuf mit vereinten Kräften einen Konkurrenzkonzern zu Boeing. Das ist eine europäische Erfolgsgeschichte! Machen wir doch dasselbe auf dem Feld des Internets, stellen wir Google etwas entgegen!

Die Universalität von Werten hat sich, ich sage es noch mal, als Irrtum erwiesen. Die Vormacht des Westens vertritt in ihrer Politik Werte und legt Handlungsmuster an den Tag, die dem, was wir bislang für »westliche Werte« gehalten haben, diametral entgegenstehen. Die europäischen Länder müssen sich untereinander auf einen gemeinsamen Wertekanon verständigen. Es geht nicht nur um politische und wirtschaftliche Interessen, es geht auch um Fragen der Identität. Wir haben eine europäische Identität, die sich offensichtlich fundamental von der amerikanischen, russischen, chinesischen oder indischen Identität unterscheidet. Das bedeutet aber, dass wir einen kühleren Blick auf unsere Umgebung werfen. Wenn die Amerikaner einen geistig behinderten Mann zum Tod durch die Giftspritze verurteilen, finden wir das widerlich und verbrecherisch. Wir müssen aber so erwachsen sein einzusehen: Es geht uns nichts an.

Die Amerikaner tun es, weil diese Menschen kriminell wurden. Was keine Entschuldigung sein kann. Aber sie machen keine Euthanasie.

Wenn die Chinesen oder Araber öffentlich Menschen steinigen oder hinrichten, empfinden wir das ebenfalls als abstoßend. Wir können es aber nicht ändern und werden es auch nicht.

Es gibt diesen schlichten Satz: »Was du nicht willst, das man dir tu', das füg auch keinem anderen zu.« Dieses Empfinden hat ein Chinese, ein Inder, ein Araber, ein Russe, ein Amerikaner, ein Europäer gleichermaßen. Das Empfinden ist universal. Weshalb wollen denn die Chinesen den freien Zugang zum Internet? Bestimmt nicht, weil sie sich vom Westen kulturell bevormundet fühlen, sondern weil sie auf Rechte pochen, die universal sind, und die im Westen bereits Gültigkeit haben. Führen Sie sich einmal vor Augen, auf was das chinesische Regime seinen Machtanspruch stützt: auf den Marxismus-Leninismus. Es übernimmt seine Forderung, die bürgerliche Gesellschaft zu überwinden, aber auf eine Vergesellschaftung der Produktionsmittel wird verzichtet. Das Ergebnis ist eine hybride Gesellschaft, die zwei Modelle zu fusionieren versucht, die westlichen Ursprungs sind: Marxismus und Marktismus. Diese beiden ideologischen Irrwege sollten wir nicht mit chinesischer Kultur verwechseln.

In China sind die Verhältnisse doch ganz anders gelagert. Es geht dem Regime nicht um einen Marxismus oder Leninismus auf Erden, sondern um die Wahrung einer zentralen Autorität in diesem Riesenland. Das oberste Gebot der chinesischen Innenpolitik lautet: »Das Reich darf nicht auseinanderfallen.« Diesem Gebot wird alles untergeordnet. Aus demselben Grund haben Sie übrigens auch in Russland noch immer ein zaristisches Regime.

Das chinesische Reich wird auch nicht so bleiben, wie es ist.

Frank A. Meyer
Haben wir uns zu entschuldigen?

Nach Jahrzehnten des Terrors haben dänische Karikaturisten es nun also gewagt, den Propheten, auf den sich die Terroristen berufen, in ursächlichen Zusammenhang zu bringen mit eben diesem Terror – mit den Morden im Namen Allahs. Und was ist die Reaktion auf die ungelenk gezeichnete Kritik? Hasserfüllte, zum Teil gewalttätige Angriffe und Aufrufe zu noch mehr Morden.

Wer verbrennt die Flaggen westlicher Demokratien, wer stürmt die Botschaften europäischer Rechtsstaaten? Systematisch aufgehetzte Massen, herbeizitiert und finanziert durch moralisch verkommene Regime wie in Syrien, Iran, Sudan, Ägypten oder Saudi-Arabien, aber auch durch terroristische Organisationen wie Taliban und Fatah.

Es ist kein Volksaufstand gegen den Westen, der da im islamischen Kulturraum stattfindet. Es ist eine von der Protest- und Terrorindustrie organisierte Gewaltorgie gegen die gesamte demokratische Welt.

Die Provokateure in höchsten Ämtern, die dahinter stecken, bedienen sich in gotteslästerlicher Weise Allahs und seines Propheten, um ihre Völker von den wirklichen Problemen abzulenken: vom politischen, wirtschaftlichen und kulturellen Desaster der Despotien, die vor allem der arabischen Welt ihren gnadenlosen Stempel aufdrücken.

So steht die Sache. Und nicht anders. Haben wir uns zu entschuldigen?

Anpasser kriechen jetzt aus allen Löchern. Sie raten uns, Mitschuld einzugestehen am entflammten Geschehen, uns zu entschuldigen bei dem Mob, der die Fahnen verbrennt, die ihm seine zynischen Führer fabriziert und in die Fäuste gedrückt haben. Pastoren, Politiker und Publizisten wollen uns weismachen, wir hätten es seit je – und nicht nur in Dänemark – an Sensibilität fehlen lassen gegenüber Tabus und Dogmen des Islam. Ganz besonders käme dies in unserem Beharren auf der Freiheit des Wortes und des Bildes zum Ausdruck. Wir seien verantwortlich, genauso wie die Flaggen-Verbrenner, lautet die Botschaft der Beschwichtiger.

Ein ganz besonders interessanter Beschwichtiger hat sich in der deutschen Tageszeitung »Die Welt« zu Wort gemeldet: Tariq Ramadan, Schweizer Bürger aus Genf, intellektueller Wortführer des französischen Islam. Er erteilt uns eine Lehre im Umgang mit unseren Freiheitsrechten: »Wäre es, statt nach Gesetzen und Rechten zu gieren, nicht besser, die Bürger zu einem verantwortungsvolleren Umgang mit der Redefreiheit aufzurufen, einem Umgang, der den Empfindlichkeiten, aus denen unsere Gesellschaft sich zusammensetzt, Rechnung trägt?«

Wir sollen uns also bessern, indem wir unsere Rechte freiwillig zurückstutzen und nicht mehr nach der Redefreiheit »gieren«!

Wer aber ist dieser so sanftmütig-salbungsvoll klingende Tariq Ramadan? Der muslimische Theologe klingt ganz anders, wenn er gegen die Aufführung eines Stücks von Voltaire agitiert, wenn er dazu auffordert, die islamischen Werte »wie eine Bombe« in die westlichen Gesellschaften zu werfen, wenn er ein Buch lobt, das Ohrfeigen für Ehefrauen als legitimes Erziehungsmittel propagiert. Beim Interview mit dem deutschen Nachrichtenmagazin »Der Spiegel« weigerte sich Ramadan im November 2005 – nicht zum ersten Mal –, die Steinigung von Frauen zu verurteilen.

So also steht die Sache: Islam-Prediger fordern von unserer westlichen Gesellschaft mit Engelszungen den Verzicht auf Freiheit. Vom Verzicht auf Unfreiheit, ja auf Unmenschlichkeit in ihrer eigenen, religiös versiegelten Gesellschaft wollen sie nichts wissen.

Das ist der Konflikt: Freiheit gegen Unfreiheit! Haben wir uns zu entschuldigen?

Unsere Freiheit schließt die Freiheit ein, die freie Gesellschaft zu bekämpfen, wie es unzählige islamische Agitatoren in Europa tagtäglich praktizieren. Unsere Freiheit schließt es auch ein, diesen Propheten einer patriarchalischen Weltordnung zuzujubeln, wie es in der Anti-Globalisierungs-Bewegung »Attac« gang und gäbe ist. Zu unserer Freiheit gehört sogar die Freiheit, sich mit postkolonialem Schuldbewusstsein vor islamischen Demagogen in den Staub zu werfen, wie es nicht wenige Intellektuelle derzeit tun.

Schließlich gehört es zu unserer westlichen Freiheit, islamische Frauen, die in Artikeln, Büchern und Filmen gegen die Knechtung ihrer Geschlechtsgenossinnen kämpfen, überheblich niederzumachen, wie es in deutschen Feuilletons gerade geschieht, im vollen Bewusstsein, damit den tödlichen Hass von Fundamentalisten gegen diese Frauen zusätzlich anzustacheln.

Ja, so weit geht unsere Freiheit – bis zur Karikatur. Haben wir uns dafür zu entschuldigen – ausgerechnet bei denen, die diese Freiheit hassen und bekämpfen?

»Sonntagsblick«, 12. Februar 2006

Frank A. Meyer
Die Wunde der Welt

Der »Spiegel« fragt diese Woche auf seiner Titelseite: »Kann Israel so überleben?« Das Wörtchen »so« rot gedruckt, die übrigen Wörter schwarz. Auf den ersten Blick liest man: »Kann Israel überleben?«

Die Frage nach dem Überleben Israels beinhaltet auch das mögliche Ende des jüdischen Staates. Nicht nur der »Spiegel« denkt so. Mehr und mehr wird das Existenzrecht Israels in Diskussionen ganz normaler Bürger infrage gestellt oder gar verworfen, nicht zuletzt von jungen Menschen: »Muss dieses Israel überhaupt sein?«

Dass Europas bedeutendstes Nachrichtenmagazin das Ende Israels als denkbare weltpolitische Variante zur Titelzeile macht, ist der bisher größte Propagandaerfolg der Feinde des hebräischen Staates.

Darauf ist ihr ganzes Trachten gerichtet, von der Hisbollah bis zur Regierung in Teheran: bei den westlichen Demokratien Zweifel am Sinn der Existenz Israels zu wecken.

Die Terroristen können Israel nicht besiegen. Auch der Iran kann den militärisch mächtigen Feind nicht ausradieren – noch fehlt den Mullahs die Atombombe.

Also bleibt vorerst nur die Möglichkeit, Israel in unseren Köpfen und Herzen zu zerstören: Wir sollen am Sinn seiner Existenz zu zweifeln beginnen; wir sollen uns eine Welt ohne Israel vorstellen können; wir sollen den Tausch »Israel gegen Frieden« erwägen.

Wie wird die schleichende Relativierung von Israels Existenzrecht betrieben? Durch systematische Provokationen, seit Jahren, allmonatlich, wöchentlich, manchmal täglich: Raketenangriffe auf israelische Wohngebiete, neuerdings sogar auf Haifa, Selbstmordattentate in israelischen Cafés und Pizzerien, in Autobussen und Vorortzügen.

Bis Israel militärisch reagiert.

Das tat es jetzt im Libanon, gegen die Terrororganisation Hisbollah, die von Teheran geführt, finanziert und mit Raketen versorgt wird. Der Libanon ist das Aufmarschgebiet des Iran gegen Israel.

Jetzt sieht es ganz danach aus, als walze die israelische Armee mit sinnloser Brutalität den wehrlosen Nachbarn nieder. So suggerieren es die Bilder, die um die Welt gehen: tote Kinder, trauernde Mütter, empörte Männer. Der Goliath Israel gegen den David Libanon.

Krieg ist Krieg. Wer ihn führt, und sei es zur Selbstverteidigung, macht sich schuldig. In diese Falle ist Israel getappt – es macht sich schuldig. Die Medien verbreiten die Botschaft vom jüdischen Bösewicht rund um den Globus.

Das entspricht ganz der Strategie der islamistischen Propaganda: Die westliche Welt soll an Israel irre werden, soll Täter und Opfer verwechseln.

So werden aus den Terroristen des Nahen Ostens in unseren Medien Freiheitskämpfer. Vergessen sind die systematischen Anschläge auf israelische Zivilisten, auf Frauen und Kinder in Cafés und Pizzerien, in Autobussen und Vorortzügen. Was wäre unsere Reaktion auf solche Angriffe, zum Beispiel von deutschem Gebiet aus auf Zürcher Agglomerationsgemeinden, ja auf die Innenstadt?

Was wäre unsere Antwort auf Selbstmordattentäter aus dem Nachbarland, die sich mitten in Zürichs Stadtleben in die Luft sprengen?

Dumme Fragen? Es sind die ganz konkreten Fragen der

israelischen Bürger, seit Jahren, allmonatlich, wöchentlich, manchmal täglich.

Der Staatsmann Cato soll nach jeder Senatsberatung im alten Rom erklärt haben: »Ceterum censeo Carthaginem esse delendam.« Auf Deutsch heißt das: »Im Übrigen bin ich der Meinung, dass Karthago zerstört werden muss.« Und Karthago wurde zerstört.

Die Beschießungen, die Überfälle, die Selbstmordattentate sind das »Ceterum censeo Israel esse delendam« der islamistischen Terroristen und des iranischen Regimes.

Der kleine jüdische Staat – der einzige demokratische Rechtsstaat in der Region – wird wund geschossen, gestern, heute, morgen. Israel soll die Wunde der Welt bleiben.

Bis die Welt seiner überdrüssig ist.

»Sonntagsblick«, 29. Juli 2006

Frank A. Meyer
Gegnerschaft

Darf man Gegner des Islam sein? In der linken »Wochenzeitung« wirft Georg Kreis den Islamgegnern Rassismus vor. Der frühere Präsident der Eidgenössischen Kommission gegen Rassismus bemüht Analogien zum Antisemitismus und setzt Islamgegnerschaft praktisch damit gleich.

Gegner des Islam sind demnach politisch-moralisch höchst verwerflich. Und sie verstoßen, weil Rassisten, sogar gegen das Gesetz.

Noch verwerflicher als Islamgegner sind aus solcher Sicht Islamfeinde. Am verwerflichsten aber ist »Islamophobie«, die krankhafte Angst vor dem Islam. Womit der Islamgegner endgültig abqualifiziert wäre, weil nicht ganz zurechnungsfähig.

Wieso aber sind Begriffe wie »Islamgegner« und »Islamfeind« überhaupt Schimpfwörter?

Der Islam ist eine Religion. Wie die christliche. Darf man Gegner der christlichen Religion sein, ihr gar feindlich gegenüberstehen? Selbstverständlich darf man das.

Gegen die Religion, die seit je und immer wieder der Bemäntelung irdischer Absichten und irdischer Herrschaft dient, wurde die freie Gesellschaft erkämpft. Eine Gesellschaft, die sich hütet vor religiösem Einfluss, die deshalb säkular und laizistisch verfasst ist: unsere offene Gesellschaft.

Die christliche Religion hat sich dieser wohl bedeutendsten Revolution der Geschichte unterzogen: der Protestantismus bereitwillig, da er ja mit Martin Luther selbst den emanzipatorischen Geist aus der Flasche ließ, der Katholizismus widerstrebend, weil er sich Aufklärung und Moderne nicht länger verweigern konnte, es sei denn gegen seine eigenen Gläubigen.

Der Kampf gegen die Kirche geschah unter Absingen der bösesten Lieder. Seither bedeutet Religionsfreiheit auch Freiheit von der Religion sowie Freiheit vor der Religion. Und wehe, es treten Kleriker auf, die das Rad der Geschichte zurückdrehen möchten, wie beispielsweise die Piusbrüder des Bischofs Lefebvre, die der autoritären, priesterbeherrschten und frauenfeindlichen Gesellschaft salbungsvoll das Wort reden – sie werden bekämpft, selbstverständlich. Sie dürfen bekämpft werden. Sie müssen bekämpft werden.

So sieht es doch jeder Demokrat! Oder nicht?

Im Fall des Islam aber soll die demokratische Wehrhaftigkeit nicht gelten?

Der Islam ist eine Religion, die weder Reformation noch Aufklärung kennt, deshalb auch keinen säkularen und laizistischen Staat, keine religionsneutrale Demokratie, keine offene Gesellschaft.

Nirgends in der islamisch beherrschten Welt konnten sich die freiheitlichen Grundwerte durchsetzen. Wir stellen es erschüttert fest.

Dem religionskulturellen Stillstand entspricht eine wirtschaftliche Verspätung, die durch das eitle Gepränge ölreicher Despotenstaaten wie der Vereinigten Emirate oder Saudi-Arabiens nur überblendet wird.

Neben Tausenden von Prinzen und Protzern bietet die islamische der übrigen Welt vor allem Abermillionen junger Menschen ohne sinnvolle Arbeit – und Hunderte Millionen menschenrechtlich benachteiligter und in Apartheid gehaltener Frauen.

Darf man Gegner sein einer Religion, die das Mittelalter ins 21. Jahrhundert verlängert?

Man darf, man soll, man muss Gegner sein! Darf man Feind sein einer Religion, deren militante Gläubige ihr Mittelalter unserer westlichen Zivilisation aufzwingen möchten?

Man darf, man soll, man muss ihr Feind sein!

Karl Popper, der wohl bedeutendste Freiheitsphilosoph des 20. Jahrhunderts, hat das Schlüsselbuch zur Demokratie geschrieben, wie wir sie lieben und wie wir sie leben. Es heißt: »Die offene Gesellschaft und ihre Feinde«, erschienen 1945 in England. Es richtet sich gegen faschistisches Führertum und marxistischen Messianismus.

Karl Popper war ein Feind aller Feinde der offenen Gesellschaft.

Ist ein Rassist, wer Poppers Denken heute folgt, indem er sich gegen die religiös verschleierte autoritäre Ideologie des Islam stellt? Und was soll das mit Antisemitismus zu tun haben?

Die Geschichte des Antisemitismus ist eine Geschichte der Verweigerung von Freiheit und Gleichheit. Juden durften nicht Bürger unter Bürgern sein, für die Nazis nicht einmal Menschen unter Menschen.

Die Kritik der Islamgegner aber fordert für Muslime das genaue Gegenteil: Ihre Religion soll endlich Frieden schließen mit der offenen Gesellschaft, soll endlich die Freiheit des Einzelnen akzeptieren – vor allem die Freiheit der Frau; der Islam soll endlich die Demokratie respektieren, die säkulare und laizistische Staatsform.

All dies, damit Musliminnen und Muslime Bürger sein dürfen unter Bürgern, ohne in Konflikt zu geraten mit ihrem Glauben.

Antisemitismus zielt auf Ausgrenzung und Entrechtung. Islamkritik zielt auf Integration und Gleichberechtigung.

Freilich nicht Gleichsetzung einer religiösen Ideologie der Ungleichheit und Unfreiheit mit unserer Ordnung der Gleichheit und Freiheit!

Das nämlich wäre die Relativierung unserer Werte, die über Jahrhunderte erkämpft werden mussten, nicht zuletzt gegen die christliche Kirche. Diese Werte sind nicht verhandelbar.

Wer sie verhandeln will, weil er sie nicht akzeptiert – der ist unser Gegner.

»Sonntagsblick«, 30. September 2012

Sie sind eine Moral-Tante
Über Moral in der Politik

Jakob Augstein: Wir reden hier über den Westen und den Osten. Würden Sie die Ukraine-Krise als einen Konflikt zwischen Ost und West bezeichnen?

Frank A. Meyer: Das ist ein Konflikt zwischen Ost und West. Aber nicht so, wie wir den Ost-West-Konflikt in Erinnerung haben: dort das diktatorische Sowjet-Imperium, hier der freie Westen. Es ist ein Konflikt zwischen der orthodox-christlichen und der römisch-christlichen Kultur. Natürlich: nicht nur! Aber eben doch ein Konflikt, dessen Ursachen tiefer in der Geschichte zu finden sind, und nicht einfach im Machtpoker zwischen dem EU-Raum und Russland. Die Religionskultur ist ein ganz wesentlicher Punkt, der vom Westen, von Brüssel, auch von der Nato leider kaum in Betracht gezogen wurde. Dass man auf europäischer Ebene ein Assoziationsabkommen mit der Ukraine aushandelte, ohne die kulturellen Bruchlinien in diesem Land zu beachten, vielleicht ohne sie überhaupt zu kennen, war fahrlässige ökonomische Machtpolitik.

Dann sind Sie ja ein richtiger Putin-Versteher.

Ich kann verstehen, dass es in der Ukraine zu kulturellen Verwerfungen kam: es gab Ungleichzeitigkeiten. Ja, wir erleben in diesem Konflikt die Ungleichzeitigkeit der ehemaligen sowjetischen Welt, die sich in jüngster Zeit ganz stark nach dem

Orthodoxen zurücksehnt. Das sieht man in der Ukraine, in Russland und auch bei Putin selbst. Der frühere KGB-Agent, ein Kommunist der harten Sorte, ist fromm geworden. Er gräbt nach einer Herkunftskultur, die von der Sowjetdiktatur verschüttet wurde.

Ob er selber fromm ist oder nicht, wissen wir nicht. Er wurde in einem Interview gefragt, da hat er sich nicht geäußert.

Er umgibt sich mit dem orthodoxen Klerus, sonnt sich in kirchlichem Glanz.

Aber Sie glauben doch nicht, dass er das macht, weil er selbst fromm geworden ist!

Ich glaube, er sucht nach einer neuen alten Identität für sich und für Russland. Auf uns Westeuropäer wirkt das befremdlich. Unsere Identität ist eine moderne, säkulare. Wir suchen Identität eher in unserer Demokratie, in der Sicherung des Rechtsstaats und im Erhalt von Freiheitsräumen. Unsere Frage lautet: Wie setzen wir das Ich und das Wir in ein möglichst ausgewogenes Verhältnis?

Sie erklären den Ukraine-Konflikt zu einem kulturellen Konflikt. Ich glaube, so groß ist der kulturelle Unterschied zwischen den Russen und uns in Wahrheit gar nicht, sondern hier handelt es sich um einen Interessenkonflikt zwischen Kulturen, die in einem Vetternverhältnis zueinander stehen – vielleicht kein Geschwisterverhältnis, aber ein Vetternverhältnis. Wir erleben hier einen Interessenkonflikt, es geht um Abgrenzung und um Dominanz. Mich hat sehr gewundert zu hören und zu lesen: »Die Geopolitik kehrt zurück. Das Denken in Einfluss- und Machtsphären kehrt zurück.« Das Denken in Einfluss- und Machtsphären prägt doch die

internationale Politik immerzu, in der Vergangenheit, in der
Gegenwart und in der Zukunft. In den letzten zwanzig Jahren
haben die Chinesen die Bühne der Weltpolitik betreten, Indien
und Pakistan tragen einen schweren Konflikt aus, auf globaler
Ebene gibt es seit Nine-Eleven den Konflikt zwischen der christ-
lichen und der islamischen Welt. Das sind immer Konflikte um
Einfluss- und Machtsphären. Jeder internationale Konflikt ist ein
solcher.

Lieber Jakob Augstein, ich habe ganz bewusst gesagt: Es ist
nicht ausschließlich ein kultureller Konflikt. Doch wir Europäer haben etwas übersehen. Wir haben es schon bei der Integration von Bulgarien und Rumänien in die EU übersehen:
Die früheren »Satelliten-Staaten« der Sowjetunion, wie wir sie
nannten, haben nicht viel Zeit und Gelegenheit gehabt,
demokratisches Bewusstsein zu entwickeln. Sie haben ihre
Geschichte nicht bewältigen können. Sie lebten bis 1989 als
hermetisch abgeschlossene Gesellschaften. Diktatur ist ja hermetisch. Der Kommunismus hat verhindert, dass sich die Kultur dieser Völker entwickelt. Zwischen Kirche und Staat
konnte kein zeitgemäßes Verhältnis entstehen. Bleiben wir bei
der Ukraine: Die Ostukraine ist kulturell anders grundiert,
pflegt andere kulturelle Sensibilitäten als die Westukraine.
Aber natürlich haben Sie recht: Das alles ist auch ein Kampf
um Einflusssphären. Die Welt ist derart ökonomisiert, und
zwar vom Westen her ökonomisiert, dass es tatsächlich immer
auch um krude kommerzielle Macht geht.

Warum tun wir uns denn so schwer, das einfach zuzugestehen und
zu sagen: »Hier herrscht ein Kampf um Einflusssphären. Die Rus-
sen haben ihre Interessen, und wir haben unsere – mal schauen,
ob es einen Interessenausgleich gibt, oder: mal schauen, ob sich

*hier tatsächlich der Stärkere durchsetzt?« Weshalb laden wir diese
Debatte so stark mit Moral auf? Warum müssen wir sagen: »Putin
ist der Böse. Er ist ein Aggressor, der das Gleichgewicht der Kräfte
in Europa bedroht.« Dabei geht es dem Westen selbst doch um
nichts anderes als die Verschiebung des Gleichgewichts zu seinen
Gunsten.*

Wir haben eine kulturelle Bruchstelle, wir haben Ungleichzeitigkeiten und wir haben ganz automatisch den Kampf um
ökonomische Einflusssphären. Das sind die drei Konfliktfelder. Sie und ich sind keine Historiker, sondern einfach
geschichtlich interessierte Zeitgenossen. Wir haben nicht
Geschichte studiert, aber wir wollen die Motive von Konfliktpartnern verstehen. Wir wollen auch Putin verstehen. Motive
nachvollziehen zu können, heißt aber noch nicht, sie zu billigen. Sie und ich haben bestimmte Maßstäbe für den Umgang
mit dem Völkerrecht. Und wir haben ein bestimmtes Verständnis vom Umgang mit den Menschen. Wir können unsere
Werte zwar nicht anderen Kulturen und Staaten überstülpen,
aber wir können sagen: »Die Werte, die in eurem Land gelten,
sind nicht unsere Werte.« Alles Handeln hat eine moralische
Komponente.

Aber moralische Außenpolitik gibt es nicht.

In der Außenpolitik gibt es keine Freunde, nur Vertreter von
Interessen. Aber es ist dennoch ganz klar, dass man in einer
Wertewelt verwurzelt ist und aus dieser Wertewelt heraus
ethische und moralische Prinzipien für das eigene Handeln
entwickelt. Alles andere wäre zynisch! Ein deutscher Außenminister kann nicht sagen: »Ich habe zwar zu Hause eine Moral, aber wenn ich in diesem Konflikt vermittle, bin ich einfach ganz neutral.«

Wenn wir Wirtschaftsbeziehungen mit Saudi-Arabien pflegen, kennen wir keine moralische Komponente.

Wir müssen diskutieren, ob wir mit Saudi-Arabien eine Wirtschaftsbeziehung haben wollen. Das wird ja auch diskutiert. Ich behaupte überhaupt nicht, dass die westliche Außenpolitik – ob die amerikanische, europäische oder deutsche – stets moralisch handelt. Ich sage nur: Es gibt sie, die Werte, es gibt sie, die Moral. Daran orientiert man sich. Das tun Sie doch ganz einfach als Mensch. Der Begriff Moral ist zu Unrecht diffamiert. Moral steckt in uns: im Menschen, in jedem Menschen – das ist das Universale.

Die Moral, von der Sie sprechen, ist immer eingebettet in ein sehr feines Gewebe aus eigenen Interessen und Einsicht in eigene Möglichkeiten. Sie ist deshalb nachrangig. Am Ende des Tages ist nicht die Moral das entscheidende Kriterium für außenpolitisches Handeln, und das ist auch gut so. Alles andere wäre eine Katastrophe. Außenpolitik, überhaupt Politik, ist nicht dafür da, die Moral eines Landes zu vertreten, sondern seine Interessen – das ist ein anderer Job. Was ich als unangenehm empfinde, ist unsere moralische Argumentation im Verhältnis zu anderen Staaten und Kulturkreisen. Wenn wir glauben, es uns nicht leisten zu können, tun wir es nicht. Wenn wir aber glauben, es uns leisten zu können, tun wir es. Wer es tut, diskreditiert sich meiner Meinung nach für alle Situationen. Deshalb sollten wir es niemals tun.

Sie sagen »wir«. Ich frage Sie: Wer ist für Sie das »Wir«?

Die westliche Öffentlichkeit. Rekapitulieren Sie noch einmal, wie wir – der Westen – in der Ukraine-Krise über das geurteilt haben, was Russland gemacht hat. Gleichzeitig haben alle Experten – also Leute, die wirklich etwas von der Materie verstehen – gesagt:

*Natürlich konnten die Russen nicht zuschauen, wie die Krim ih-
nen abhanden kommt. Natürlich können sie nicht zuschauen,
wie die Ukraine in die NATO kommt. Gleichzeitig ist aber der
öffentliche Diskurs und letztlich der unserer politisch handelnden
Personen ein ganz anderer. Das funktioniert nicht.*

Jetzt bauen Sie eine Autorität auf, die Sie frei erfinden. Sie
delegieren ihr Urteil an irgendwelche Leute, an Experten. Ein
typisch deutscher Einfall: Ständig wird Zuflucht genommen
zu irgendwelchen Autoritäten – Ökonomen, Soziologen,
Ökologen. Der Bürger kann doch selber denken. Als ich nach
Ihrem »Wir« fragte, haben Sie gesagt: »die Öffentlichkeit«.
Und da widerspreche ich nun vehement. Es beeindruckt mich
stark, auf welch differenzierte Weise diese Debatte in der
Öffentlichkeit geführt wird, gerade als eine Debatte um Werte.
Es heißt nicht einfach zynisch: »Siemens hat Interessen in
Moskau. Ergo lasst uns schweigen, um diese Interessen nicht
zu gefährden.« Das wäre Interessenpolitik, reine Interessenpo-
litik. Ich finde es toll, dass es Leute gibt, die sagen: »Hier geht
es um universale Werte, die nicht nur bei uns, sondern auch in
diesem Teil der Welt gelten müssen.«

Okay ...

Wenn Sie gesagt hätten: »Mit dem ›Wir‹ meine ich diejenigen,
die politisch handeln«, wäre ich mit Ihnen einverstanden
gewesen. Ich finde nicht, dass ein deutscher Außenminister
Moral wie eine Monstranz vor sich hertragen soll, wenn er in
Kiew oder Moskau Gespräche führt. Aber dass in unserer
Gesellschaft diese Debatte stattfindet, ist von ganz hohem
Wert. Sie findet übrigens auch in der Ukraine und in Russland
statt. Russland ist, verglichen mit China, eine autoritär geführte Halbdemokratie ...

… nein, das kann man, glaube ich, nicht sagen.

Doch, denn es wird offen diskutiert …

… nein, weil es keine wirklich unabhängigen Medien mehr gibt …

… das stimmt …

… und weil die Leute, die sich vorwagen, mit ihrem Leben spielen …

… trotzdem ist die politische Offenheit deutlich größer als in China …

… das weiß ich nicht, weil ich über China zu wenig weiß. Meine Vermutung ist, dass wir die Offenheit in China unterschätzen. Für mich ist der Konflikt in der Ukraine ein gutes Beispiel dafür, wie der Westen seine Werte instrumentalisiert. Der Westen sagt: »Weil wir diese Werte haben, haben wir auch das Recht, dieses und jenes zu tun.« Andere Kulturkreise sagen: »Weil wir diese Interessen haben, machen wir das und das.« Aber im Endeffekt läuft es auf dasselbe hinaus.

Sie sagen, wenn ich das einmal zuspitzen darf: »Wir im Westen sind Heuchler.« Das ist ein moralisches Urteil. Sie fällen ebenfalls moralische Urteile. Sie sind das beste Beispiel dafür, dass es immer auch um die Moral geht.

Nein. Es ist vor allen Dingen ein emotionales Urteil, kein moralisches. Es geht mir auf die Nerven.

Nur Moral kann so viele Emotionen freisetzen. Ich will aber festhalten: Es gibt das Problem der Ungleichzeitigkeit; wir haben es in der EU selbst. Wir haben einerseits einen Computerhandel an der Börse, da entscheiden Sekunden über Erfolg und Misserfolg. Gleichzeitig leben in diesem Europa Gesellschaften, deren Probleme auf Jahreszahlen wie 1914 oder 1933 oder 1945 oder 1956 oder 1968 oder 1973 – das Jahr der Ölkrise – zu datieren sind.

Schon das Fernsehen hat uns Bilder gebracht aus Weltgegenden, die wir vorher nicht kannten ...

... der Vietnamkrieg ist ein Fernsehkrieg gewesen.

Genau. Deshalb hat er uns sozusagen in ethische Bedrängnisse gebracht, die die Leute so vorher nicht kannten. Plötzlich sahen sie sich mit der Vorstellung konfrontiert, hier in Mitteleuropa komfortabel zu Hause zu sein, während in einem anderen Teil der Erde Kinder verbrannt werden.

Sie beschreiben jetzt eine moralische Konfliktsituation. Die Welt ist voller moralischer Konfliktsituationen. Damit ist sie voller Moral. Wir streiten uns über Konfliktsituationen aus unserem moralischen Impetus heraus. Hätten wir ihn nicht, würden wir sagen: »Ist uns doch einerlei – gehen wir doch einfach gut essen!« Das würden wir sagen. Oder wir können Geschäftsleute sein und sagen: »Ist uns doch einerlei – machen wir doch einfach gute Geschäfte!« Aber das tun wir nicht.

Aber genau so machen wir es: Wir zermartern uns erst das Hirn, machen dann die Geschäfte und gehen am Ende gut essen. Das ist es, was wir tun.

Ja, aber das charakterisiert eine moderne, aufgeklärte Gesellschaft, die Skepsis kennt – auch dem eigenen Handeln gegenüber ...

... und die in einem Zustand permanenter, moralischer Selbstüber-
forderung lebt. Was dabei herauskommt, ist eine Art Perversion.

Nein. Die Bilanz unserer Gesellschaft ist nun wirklich eine positive.

In einem Balzac-Roman findet sich – ich habe das in einem Buch
von Hennig Ritter gelesen – das Beispiel des Mandarins. Einer
sagt: »Was würdest du tun, wenn du in China mit einem Gedan-
ken einen Mandarin töten und dadurch selbst unvorstellbar reich
werden könntest? Würdest du es machen?« Das beschreibt das
moralische Dilemma im neunzehnten Jahrhundert – praktisch
erdacht, geradezu paradigmatisch. Damals war das nur ein Ge-
dankenspiel. Heute ist es Realität. Wir handeln so. Wir töten
durch unsere Gedanken immerzu irgendwelche Leute auf der
ganzen Welt und werden dadurch unvorstellbar reich. Auf die
Frage, die im neunzehnten Jahrhundert gestellt wurde, geben wir
die Antwort: »Ja, wir machen das.«

Sie sind mir ja eine Moral-Tante. Sie sind die größte Moral-Tante, die mir untergekommen ist! Was Sie hier entwickeln, ist reine moralische Empörung. Ich kann mich nur wiederholen: Die Antwort hat Kant mit dem kategorischen Imperativ gegeben: Handle stets nach der Maxime, die zugleich als Prinzip einer allgemeinen Gesetzgebung gelten kann. Dieser Imperativ steckt im Menschen, weil der Mensch sowohl ein Ich-Mensch als auch ein Wir-Mensch ist.

Ja, aber die Leute sehen doch, dass es so nicht läuft. Sie können mit
einem Gedanken den Mandarin töten, aber der Mandarin kann
sie nicht töten. Sie tun es, weil sie es können.

Längst kann der Mandarin töten. Er tötet Tausende. Jedes Jahr tötet der moderne Mandarin in seinem Reich Tausende.

Die Menschen, die dem Mandarin nicht passen, werden aus der Gesellschaft entfernt und kaputtgemacht, körperlich und seelisch. So ist es seit dem Mandarin Mao. China ist eine Diktatur – wir sind gegen diese Diktatur. Natürlich: Auch die Mächte des Westens tun aus Interessen Böses … Das ist skandalös. In der Demokratie gibt es täglich Skandale, weil wir eine freie Gesellschaft sind. In der Diktatur gibt es keine Skandale, außer einem einzigen dem der Diktatur selbst.

Dann wäre Ihre Logik: Es werden zwar Menschen überall auf der Welt auf bestialische Art und Weise umgebracht – nehmen wir die Todesstrafe in den USA –, aber in einer offenen Gesellschaft diskutieren und streiten wir darüber. Das ist ein Ausdruck unserer Freiheit. Ich möchte dann gern einen Schritt weitergehen und sagen: Es nützt aber nichts, dass wir darüber diskutieren. Ein Mensch wird trotzdem in dieser so freiheitlichen Gesellschaft auf bestialische Art und Weise umgebracht!

Natürlich reicht es nicht, wenn man über die Skandale diskutiert. Skandale sind da, um bewältigt zu werden, auch der Skandal der Todesstrafe in den USA. Die Todesstrafe ist ein Thema, das mich schon viele Jahre umtreibt, und das mich misstrauisch bleiben lässt gegenüber der amerikanischen Freiheitsideologie.

Das ist interessant. Das Problem habe ich zum Beispiel nicht. Da trennen sich nun unsere Wege tatsächlich. Ich habe das Problem nicht, weil ich das akzeptiere und sage: Das ist eine andere Kultur. Die bewerten das Leben des Einzelnen in Bezug auf die Gesellschaft anders. Die haben ein anderes Wertesystem. Ich finde, es steht mir gar nicht zu, das zu bewerten.

Wenn das so wäre, müssten Sie den ganzen Tag lang Grenzen ziehen.

Das tue ich auch.

Was geht mich etwas an, was geht mich nichts an? Sie werden ja nicht fertig dabei! Die Welt ist eine einzige Welt. Und Sie leben in dieser Welt. Ihre Kinder leben auch in dieser Welt. Sie können weder Freiheit noch Menschenrechte teilen!

Sie wissen vielleicht oder wissen es auch nicht... ich habe ein Buch über Gärten geschrieben, weil mich das Thema sehr interessiert. Ein wesentlicher Gedanke in diesem Buch ist, dass ein Garten einen Zaun hat und man sich über Zäune nicht lustig machen soll. Zäune sind Grenzen von Verantwortungsbereichen. Innerhalb meines Gartenzauns bin ich verantwortlich. Man kann darüber spotten, dass es ein Jägerzaun ist, der für eine kleinbürgerliche Spießigkeit steht. Aber es ist ein Zaun. Außerhalb meines Gartenzauns muss irgendein anderer die Verantwortung übernehmen. In dem Augenblick, in dem ich mich allverantwortlich fühle, lüge ich mir entweder in die Tasche oder ich bin ein Imperialist. Ich kann nicht die Verantwortung dafür übernehmen, wie die Amerikaner mit ihren Strafgefangenen umgehen.

Nein, das können Sie nicht. Aber Sie beurteilen es ja trotzdem. Sie beurteilen, weil Sie es beurteilen können, weil es Sie geradezu nach einem Urteil drängt. Darum geht es. Ich bin doch nicht der Meinung, dass wir die Verantwortung dafür übernehmen können, aber wir leben in einer offenen Gesellschaft, in der alles diskutiert wird – also sagen wir, was wir denken. Es gibt hierzulande Menschen, die gegen die Todesstrafe protestieren, ohne Heuchler und Zyniker zu sein – Menschen, die ehrlich darüber empört sind. Es gibt auch in Amerika Menschen, die darüber empört sind. Die Diskussion über das Thema hat ja wieder eingesetzt, seit misslungene Hinrichtungen die Grausamkeit dieser Strafe deutlich gemacht haben. Wir tragen nicht die Verantwortung dafür, was die Amerikaner tun, aber wir tragen eine Verantwortung für das Menschsein in dieser Zeit und in dieser Welt. In meiner Jugend war der Begriff der Menschheit gang und gäbe, auch die Achtundsechziger hatten das Wohl der Menschheit im Blick…

Es gibt diese Menschheit nicht.

Genau, im Namen der »Menschheit« wüteten Unmenschen. Ich kann mit dem Begriff Menschheit wenig anfangen. Mir ist der Mensch nahe – dieser Einzelne, der doch das Ganze in sich trägt. Was mich berührt, sind Schicksale von Menschen. Ich halte es für die schönste Aufgabe des Journalisten oder des Literaten: dass er den Menschen in seiner Verzweiflung, in seiner Bedrängnis, in seinem Elend, auch in seinem Glück schildert. Das ist unsere Aufgabe. Und wenn wir sie gut erfüllen, mögen sich andere Menschen, unsere Leser oder Zuschauer oder Zuhörer, davon berühren lassen. Auch Sie lassen sich berühren, Sie selbst nannten ja das Beispiel mit der Todesstrafe. Sie sind ein zutiefst moralischer Mensch.

Natürlich, weil das Leiden von Menschen real ist. Da ist nichts virtuell, das berührt uns ganz unmittelbar. Aber politisches Handeln verläuft auf einer anderen Ebene. Wie soll ich in der Politik mit Moral kommen, wenn ich nicht ernsthaft erklären kann, weshalb ich manche Erscheinungen in der Welt dulde und andere nicht, obwohl sie nicht weniger unmoralisch sind? Dann verliere ich meine Glaubwürdigkeit. Ich finde, dass Glaubwürdigkeit für politisches Handeln und auch für politische Repräsentation wichtig

ist. Wie können Sie politisch repräsentieren, wenn Sie nicht glaub-
würdig sind? Was ich der Politik und auch den Medien vorwerfe,
ist, dass sie das nicht reflektieren. Dass sie nicht sagen: Die Ameri-
kaner verhalten sich genauso unmoralisch wie die Russen, aber die
Amerikaner sind unsere Verbündeten. Wir tun so, als könnte man
zwischen dem Verhalten der Amerikaner und dem der Russen feine
Unterscheidungen machen, aber das kann man nicht. Damit
bricht für mich das Gerüst an Glaubwürdigkeit zusammen. Übri-
gens nicht nur für mich, sondern für ganz viele Leute! Institutio-
nen, Medien, die Öffentlichkeit sind in einer Legitimationskrise,
die Sie und ich genau wahrnehmen: Die Leute wenden sich ab, die
Leute verlieren das Vertrauen. Warum? Weil die Leute inzwischen
so klug sind, dass sie die Täuschungsmechanismen, auf denen Vieles
beruht, durchschauen und ablehnen. Die Leute wünschen sich ehr-
liche Politiker und ehrliche Journalisten.

Also dieses Politik-Bashing …

… das ist kein Politik-Bashing …

Doch. Dieses Bashing durchzieht Ihre Rede. Es gibt nicht »die
Politiker« – das wissen Sie ganz genau. Sie sind ein politischer
Mensch. Sie sind letztlich selbst Politiker: ein politischer Akteur. Was Sie jetzt sagen, ist – ich sage es mal böse – Futter für
Taxichauffeure. Im Taxi höre ich immer: »Die Politiker machen,
was sie wollen, nur nicht, was das Volk will.« Dann frage ich:
»Welche Politiker meinen Sie?« Als Antwort kommt: »Ich weiß
nicht wer. Alle.« Das ist Politik-Bashing, das nicht weiterführt.
Aber ich folge Ihnen beim Stichwort Glaubwürdigkeit. Wir
brauchen glaubwürdige Politiker, bei denen man spürt, dass sie
eine Haltung haben. Es gibt zu viele Politiker, bei denen man
die Haltung nicht mehr spürt oder sich nicht mehr darauf verlassen kann. Wir leben auf einer Zeitschiene in eine denkbar

bessere Welt. Wir denken sie bereits, diese Welt: ökologisch, ökonomisch, sozial. Das Heute ist noch nicht gut, aber es ist in der Regel besser als das Gestern. Die Lebensverhältnisse verändern sich positiv. Es ist gar noch nicht so lange her, und ich habe es in meiner Kindheit bei Verwandten erlebt, da gab es in einem Haus für mehrere Familien einen Abort im Treppenhaus. Heute hat jede Familie ein eigenes Bad mit Dusche und Toilette.

Auch Gesellschaften verändern sich zum Besseren. Früher gab es in der Schweiz kein Frauenstimmrecht, seit 1971 – Schande über uns, dass es so spät kam – bestimmen die Frauen überall mit. Es gibt keine Todesstrafe in Europa. Deutschland verfügt über das freiheitlichste Grundgesetz der Welt.

Aber das sagen Sie doch nur, weil Sie von hier kommen.

Nein. Dieses Grundgesetz führen Menschen als Beispiel an, weil sie unter Unfreiheit und Missachtung der Menschenwürde leiden. Die Herrscher dort berufen sich natürlich nicht auf unsere Werte ...

Das stimmt nicht. Die berufen sich sehr wohl auf die Demokratie. Ein Erdogan in der Türkei sagt: »Wir lassen euch wählen«, dabei ist er in seinem politischen Herzen bestimmt kein Demokrat. Angeblich kämpft jeder für die Freiheit. Aber in Wahrheit meinen sie immer nur die eigene Freiheit und die Unfreiheit der anderen. Keiner sagt: »Ich bin ein Verbrecher und ihr werdet meine Mitverbrecher.«

Unsere Begriffe werden missbraucht. Aber der Missbrauch entwertet die Werte nicht, für die diese Begriffe stehen.

In der BBC habe ich kürzlich ein spannendes Interview mit einer Frau aus Mali gehört. Sie war mit ihrem Mann und sechs Kin-

dern in ein Flüchtlingslager nach Mauretanien gekommen und
wieder schwanger. Sie brachte im Lager Vierlinge zur Welt. Die
BBC-Reporterin hat ihre Fragen dann immer mit Sätzen unter-
legt wie: »Oh, Ihre Flucht muss ja sehr anstrengend gewesen
sein ...« Worauf die Frau meinte: »Ja, das war anstrengend, war
aber nicht so schlimm...« – »Und jetzt sind Sie in diesem Flücht-
lingslager, Sie Arme. Und mit Ihren Kindern ...« – »Ja, wir sind
so glücklich, dass wir noch vier Kinder bekommen haben ...« Die
Reporterin hat ständig versucht, aus dieser Frau, die nach unseren
objektiven Maßstäben in einer wirklich schwierigen Situation ist,
eine Klage herauszukitzeln, aber das ist schiefgegangen, weil diese
Frau über gar kein Unglücksbewusstsein verfügte. Das war eine
kuriose Situation, wie hier zwei Kulturen aufeinanderprallten:
Die West-Frau wollte der Frau aus Mali einreden, dass es ihr
schlecht gehen müsse.

Sie bringen hier ein wunderbares Beispiel. Diese Frau aus Mali
kam mit ihrer Familie in ein Flüchtlingslager, weil dort die Le-
bensbedingungen besser sind als an dem Ort, den sie verlassen
hat. Die Menschen kommen zu uns, weil es ihnen bei uns besser geht. Sie hungern nicht. Sie leben nicht auf der Straße. Sie
sind politisch sicher. Ihre Kinder können eine Kita oder eine
Schule besuchen. Das ist unsere Willkommenskultur: die freie
Gesellschaft. Doch sofort erschallt eine links-grüne Jeremiade,
den Flüchtlingen und Einwanderern müsse aus dem Stand heraus das soziale Standing des Gastlandes garantiert werden.
Dazu aber braucht es Zeit. Und Anstrengung der Flüchtlinge
und Einwanderer. Sie müssen Integration und Emanzipation
selber leisten. Wir können nur den Weg dazu freimachen. Die
Einstellung, wonach Migranten hilflose Opfer sind, die unserer
Fürsorge Tag und Nacht bedürfen, ist durch und durch paternalistisch – eine postkolonialistische Herablassung.

Frank A. Meyer
Der Wert des Menschen

Worum geht es bei der Forderung nach einem gesetzlichen Mindestlohn? Etwa um Ökonomie? Folgt man der alten marxistischen Ideologie, dann geht es immer um Ökonomie. Ebenso nach der aktuellen neoliberalen Ideologie.

Die zwei entgegengesetzten säkularen Glaubenslehren erblicken in der Wirtschaft den Weg zur Erlösung: Der Kommunismus sieht sie in der Vergesellschaftung aller Produktionsmittel; der Marktradikalismus in deren Privatisierung – bis hin zu wesentlichen staatlichen Einrichtungen und Leistungen, seien es Schulen, Verwaltung, Straßenbau oder Sozialwerke. Was immer zur gesellschaftlichen Infrastruktur gehört, soll als Geschäft betrieben werden. Nicht einmal die Geldschöpfung durch staatliche Zentralbanken ist vom Furor der fanatischen Privatisierer ausgenommen.

Zu den Produktionsmitteln der Marktgläubigen zählt auch der Mensch. Sie erfassen ihn in ihren Profitbilanzen als »homo oeconomicus«, als »Humankapital«, als »human resources«. Auf Deutsch: als »Rohstoff Mensch«.

Der Rohstoffmensch bietet nach dieser Eschatologie seine Arbeit auf dem Markt als Ware an, die dann verrechnet wird mit der Nachfrage nach ebensolcher Ware, was schließlich den Lohn hervorbringt, respektive den Wert, den der Mensch auf dem Markt gerade zu erzielen vermag.

Geht es also beim Mindestlohn ebenfalls um Ökonomie, da doch die Ökonomie der Angelpunkt aller Argumentation ist?

Nein. Eben gerade nicht. Denn beim Mindestlohn geht es um den Menschen. Nur um ihn.

Nur? Es geht um den Menschen als Höchstes.

Es geht um seine Existenz. Die soll der Mindestlohn am unteren Rande der Gesellschaft garantieren: eine bescheidene, eine normale, eine gesunde Existenz, gesichert durch einen gerechten Lohn für des Menschen Arbeit.

Doch was ist ein gerechter Lohn, ein nicht vom Arbeitsmarkt – also vom Warenmarkt – hervorgebrachter Mindestlohn? Darüber können Ökonomen, die höheren Geistlichen der Wirtschaftskirche, ganze Gebetsbücher vollfabulieren.

Im vorliegenden Fall jedoch ist die Antwort einfach: Ein gerechter Lohn ist ein menschengerechter Lohn. Und ein menschengerechter Lohn ist ein Lohn, der dem arbeitenden Menschen gerecht wird, indem er ihm die Existenz ermöglicht.

Und zwar eine Existenz ohne Heimarbeit, ohne Kellnern am Abend, ohne Verkaufsaushilfe in Randstunden, ohne Babysitting in der Nacht, auch ohne Flaschensammeln aus Abfalleimern – ohne zweiten oder gar dritten Job. Und ohne Sozialhilfe.

Es geht also nicht etwa um mehr Lohn im Sinne von mehr Lohngerechtigkeit. Es geht um das Mindeste, das einem arbeitenden Menschen zusteht, einfach, weil er ein Mensch ist, in diese Zeit, in diese Gesellschaft geworfen, dem Leben ausgesetzt, das er zu leben hat, vor der Gesellschaft, vor seinen Angehörigen, vor Gott oder allein vor sich selbst.

Es geht also um wenig, aber zugleich ums Ganze: Es geht um des Menschen Leben. Derzeit berechnet mit acht Euro fünfzig pro Stunde Arbeit – als Mindestlohn gesetzlich festzulegen.

Dagegen laufen die Marktradikalen Sturm. In ihren Augen ist die staatliche Garantie dieses Lohnes Gotteslästerung: Weil ihr Gott der Markt ist und Gott gerecht, muss der von ihnen als unantastbar erklärte Marktlohn ebenso gerecht sein.

Sogar die Deutsche Bank, Deutschlands Geldkirche, mit kriminellen und spekulativen Umtrieben der jüngeren Vergangenheit weiß Gott ausgelastet, fühlt sich zu warnen aufgerufen: Acht Euro fünfzig pro Stunde, diese Sünde wider das ökonomische Gesetz, führe zum Verlust von 450 000 Arbeitsplätzen im besten Fall, einer Million im schlimmsten.

Die hauseigenen Ökonomen-Pfäffchen belegen, was die höheren Würdenträger zu belegen ihnen befohlen haben. Die Bank, deren Boniritter Hunderte Millionen in die eigenen Taschen wirtschafteten, deren skandalbesudelte Führung nach wie vor Millionen in die eigenen Taschen wirtschaftet, fühlt sich zur Sorge um die Arbeitnehmer bemüßigt. Heuchelei gehört nun mal zum Kirchengeschäft.

Kann ein Mensch im teuren Deutschland mit weniger als acht Euro fünfzig pro Stunde menschengerecht leben? Wer das behauptet, soll es probieren. Etwa Martin Wansleben, Hauptgeschäftsführer des Deutschen Industrie- und Handelskammertags. Er wirft den Politikern vor, dem Mindestlohn liege eine »Milchmädchenrechnung« zugrunde. Selbst mit dem Mindestlohn von acht Euro fünfzig wäre Wansleben nicht in der Lage, auch nur ein Milchmädchenleben zu finanzieren.

Was ist das für ein Gefühl: einen Monat lang ordentlich arbeiten, um dann einen Lohn zu erhalten, der ein ordentliches Leben nicht ermöglicht? Es ist ein Gefühl der Entwürdigung.

Ein Gefühl? Es ist Entwürdigung!

Menschen, denen man den minimal gerechten Lohn verweigert, nimmt man die Würde.

Ja, der Markt erniedrigt den Menschen zur Ware, zum Objekt – vor allem jenen Menschen, der sich dagegen nicht zur Wehr setzen kann: den sozial Schwachen, den Armen, den Ohnmächtigen.

Hatte der Markt nicht einst auch große Nachfrage nach Kinderarbeit: in Bergwerken und Fabriken? Ließ sich nicht auch diese kapitalistische Perversion mit ökonomischer Rechnerei hieb- und stichfest begründen? Musste nicht auch diese Schande per Gesetz beendet werden, gegen die Marktradikalen des 19. Jahrhunderts?

Und wie sieht es heute im ganz konkreten Leben aus? Der Mann schämt sich vor seiner Frau, dass er nicht genug Geld nach Hause bringt, dass er ihr nichts schenken kann, dass er sie bitten muss, jeden Cent zweimal umzudrehen, dass sie dazuverdienen muss, trotz Kindern, dass es aber trotzdem kaum reicht, dass der Staat am Schalter der Arbeitsagentur um Geld angebettelt werden muss, dass dazu demütigende Fragen zu beantworten sind.

Und die alleinerziehende Mutter versteckt ihre Armseligkeit vor dem Töchterchen, das ein Spielzeug möchte wie die Schulkameradinnen, das es dann doch ausnahmsweise erhält, weil die Mutter abends noch putzen geht.

So existiert es sich im armen Deutschland. Im reichen Deutschland, wo man ökonomisch schaltet und waltet, ereifern sich die Marktanbeter mitsamt ihrem frommen, fürstlich ausgehaltenen Ökonomen-Klerus derweil über den Sündenfall eines gesetzlichen Mindestlohns von acht Euro fünfzig!

Was für ein Menschenbild! Das Leben der armen anderen im armen anderen Deutschland ist keinen Lohn wert, der nicht den Segen des Marktes hat.

Ja, für die Marktradikalen gibt es das – man wagt es kaum zu schreiben: unwertes Leben. Unwert, weil es sich nicht rechnet.

»Cicero«, 1. Dezember 2013

Frank A. Meyer
Schweizer Geschichten

Anna Hutsol hatte in der Schweiz um Asyl ersucht. Sie ist die Gründerin von Femen, einer Organisation von Frauen, die mit nackten Brüsten gegen die patriarchalische Ordnung unter anderem in der Ukraine, aber auch in Russland protestieren und dabei besonders gern die orthodoxe Kirche der nachsowjetischen Gesellschaft provozieren.

Der Femen-Protest ist ein ungewöhnlicher Protest, aber auch ein sehr gezielter. Er nimmt die Männermacht aufs Korn, die Wladimir Putin so trefflich verkörpert, wenn er seinerseits die Heldenbrust entblößt, wo immer sich Gelegenheit dazu bietet.

Frauenbrüste gegen Machos, die sich in die Brust werfen.

Anna Hutsol wurde wegen ihrer Femen-Aktivitäten verfolgt, mehr noch: bedroht, schikaniert, verprügelt. Über Frankreich gelangte sie in ein Asylheim in Rapperswil am Zürichsee. Da ihre Schwester in der Schweiz lebt, hätte sie sich gern hier niedergelassen. Doch ihr Asylgesuch wurde abgelehnt. Mit der Begründung, sie verfüge bereits über ein französisches Schengen-Visum.

Michail Chodorkowski war zehn Jahre lang der berühmteste Häftling Russlands, wenn nicht der Welt. Er gehörte zu den frühen Oligarchen in der nachsowjetischen Ära unter Präsident Boris Jelzin. Eine geschäftstüchtige Clique – im Kommunismus skrupellos und zynisch geworden – entwand ihrem desorganisierten Vaterland Abermilliarden Volksvermögen, vor allem durch die Privatisierung von Rohstoffen und staatlichen Unternehmen aus den Sektoren Öl und Gas.

Michail Chodorkowski galt als einer der talentiertesten Plünderer. Doch politische Ambitionen brachten ihn in Konflikt mit Jelzins Nachfolger Putin – und ins Straflager.

Die Geldgier zahlloser Chodorkowskis ist Ursache der wirtschaftlichen Fehlentwicklung Russlands: Heute ist Putins Reich eine Mischung aus halbdemokratischem Führer-Staat und Feudalgesellschaft reicher Räuber – das ganze Gesindel abgesegnet durch eine orthodoxe Kirche, deren Metropolit Kyrill I. ebenfalls zu den Oligarchen zählt. Reich geworden ist er mit dem Import von Zigaretten, die er als »humanitäre Hilfe« steuerfrei weiterverkaufte.

Michail Chodorkowski ersuchte um eine Aufenthaltsbewilligung für die Schweiz: Seine Familie lebe bereits seit Jahren im Land. Auch einige Hundert Millionen Franken aus seinem inzwischen geschrumpften Vermögen sollen Schweizer Sicherheit genießen.

Das Bundesamt für Migration (BFM) hat sein Gesuch unterdessen bewilligt. »Der erste Oligarch Russlands«, wie er auch genannt wird, darf sich in Rapperswil am Zürichsee niederlassen, mit 138 000 Franken pauschalbesteuert, wie »Blick« errechnet hat. Der Kanton St. Gallen, so heißt es, habe beim BFM »erhebliche kantonale fiskalische Interessen« geltend gemacht.

Anna Hutsol und Michail Chodorkowski: zwei Geschichten aus der Schweiz im Frühjahr 2014.

»Sonntagsblick«, 6. April 2014

Die Sure 4,34 ist absolut grundgesetzwidrig
Über den Islam

Frank A. Meyer: Kennen Sie Sure 4,34? Sie ist die zentrale Sure zur Unterdrückung der Frau: »Diejenigen (Frauen) aber, deren Widerspenstigkeit ihr fürchtet, ermahnt sie, meidet sie im Ehebett und schlagt sie.« Die Sure ist absolut grundgesetzwidrig.

Jakob Augstein: Ja, und? Im Levitikus steht, wer den Namen des Herren lästert, soll gesteinigt werden. Sie wollen jetzt nicht im Ernst damit anfangen, religiöse Texte als politische Texte zu lesen! Politische Prinzipien und metaphysische Vorstellungen sollte man schon voneinander trennen.

Das Problem des Islam ist nicht seine religiöse Botschaft, sondern dass Muslime diese Botschaft eins zu eins in die Wirklichkeit umsetzen sollen – und die praktizierenden Gläubigen es auch wollen. Die Texte des Korans werden nicht als historische Texte gelesen.

Die Religion ist die Religion – Muslime müssen glauben, denken und lehren können, was sie wollen. Ich werde sehr misstrauisch, wenn unsere Gesellschaft sich plötzlich als so aufgeklärt und säkular erweist – das passiert immer bei Minderheitenreligionen. Nehmen Sie die unsinnige Beschneidungsdebatte. Da fiel uns auch plötzlich ein, dass wir den Juden erklären müssen, wie sie sich bitte in einer christlich geprägten Kultur zu verhalten haben.

Wenn Sie eine religiöse Lehre haben, die sich als politische Lehre versteht, ist das Problem anders gelagert. Christentum und Katholizismus haben sich auch einmal unmittelbar politisch verstanden. Die Kirche als gesellschaftlich bestimmende Macht – damit ist es zum Glück vorbei.

Ich glaube nicht, dass es in den USA damit vorbei ist. Und die führen immerhin die sogenannte freie Welt an. Sie haben da einen west-zentrierten Blick. Abgesehen davon: Sie dringen nicht mit staatlichen Machtinstrumenten in das innere Gedankengebäude von Menschen ein. Halten Sie sich doch an das Wort von Joschka Fischer: »Wichtig ist, was die Leute machen, und nicht, was sie denken.« Ich reagiere bei dem Thema nur deshalb so empfindlich, weil ich der Überzeugung bin, dass der Islam in Westeuropa die Funktion übernommen hat, die früher der Kommunismus innehatte: Er ist das Andere, das Gegenbild, das Böse, er ist der Feind, auf den sich alle im Westen einigen können. Der Islam eignet sich als Feindbild sogar noch besser als der Kommunismus, weil man nicht an eine Mauer fahren muss, um die Grenzlinie zwischen Gut und Böse zu sehen, es reicht, in ein schlechtes Viertel der eigenen Stadt zu gehen, wo muslimische Frauen Kopftuch tragen und muslimische Männer dunkle Bärte. Diesen demokratisch-kulturell verbrämten Rassismus halte ich für sehr gefährlich. Die Islamophobie erscheint mir als die gefährlichste Tendenz in der Gesellschaft überhaupt.

Eine solche Bündelung von Aversionen haben wir in den rechtspopulistischen Bewegungen, aber eine allgemeine Phobie sehe ich nicht. Es ist sehr problematisch, den politischen Gegner als krank zu diffamieren. Es ist überdies unpolitisch. Es herrscht, da stimme ich Ihnen zu, eine Islamfeindschaft bis in die bildungsbürgerlichen Kreise hinein. Die Kritik am Islam hat ja durchaus ihre Berechtigung. Sie gilt dem politisch totalitären Anspruch dieser Religion. Auch der Kommunismus trat mit autoritärer Anmaßung auf, allerdings entstammte er unserem eigenen Kulturkreis. Und er fühlte sich diesem Kulturkreis sogar zugehörig. Der Islam formuliert seinen Anspruch in einem Spannungsverhältnis zu unserer modernen Zivilisation und ihren Errungenschaften wie Demokratie und Rechtsstaat. Der Islam verpuppt sich gegen die Errungenschaften der Moderne. Jedenfalls bis heute. Nur ganz wenige Dissidenten unter den Gläubigen plädieren für eine Reform.

Ach, wissen Sie, selbst Habermas hat gesagt: »Naturalistische Weltbilder genießen keineswegs prima facie Vorrang vor religiösen Auffassungen.« Jede fromme Religion ist antimodernistisch.

Auch der Katholizismus war es. Aber dann kam Papst Johannes XXIII. und hat seiner Kirche den Weg in die Moderne geebnet.

Kulturelle Anpassungsprozesse lassen sich nur sehr begrenzt beschleunigen. Sie können nicht zu Muslimen sagen: »Macht doch mal einen Schritt 250 Jahre nach vorn.«

Das müssen sie gar nicht. Sie sollen sich nur an die Gesetze halten, die in ihrer Wahlheimat herrschen.

Das tun sie doch.

Nein, sie tun es nicht. Sobald die Zahl der Muslime in einem Land einen kritischen Punkt erreicht hat, entsteht eine Gegengesellschaft, die auf Relativierung der westlichen Werte drängt.

Das ist doch der reine Rechtspopulismus. Ich glaube Ihnen kein Wort. Sie wollen nicht nur, dass die Muslime die Gesetze achten,

Sie wollen, dass die Muslime ihre Überzeugungen ändern. Sie sollen zum Beispiel der Frau einen höheren Stellenwert geben. Es geht uns aber nichts an, was Muslime glauben und denken, solange sie sich bei uns an die Gesetze halten.

Muslimische Frauen haben in ihrem Alltag, vor allem in ihrem familiären Alltag ganz konkret weniger Freiheitsrechte als nicht-muslimische Frauen – obwohl sie hier im Westen in einer freiheitlichen Ordnung leben.

Ich glaube, es gibt keine verlogenere öffentliche Debatte als die über den Islam. Wenn wir vom Islam sprechen, meinen wir fast immer seine frommen oder gar fundamentalistischen Ausprägungen; das sind die, an denen wir uns stören. Und an die legen wir unseren Maßstab von Modernität an. Was soll das bringen? Wir haben das Recht, nicht in die Luft gesprengt zu werden. Das ist dann aber auch schon alles. Persönlich fände ich es auch gut, wenn Frauen in Saudi-Arabien Auto fahren dürften, aber es steht uns nicht an, darüber zu urteilen, und noch weniger, das ändern zu wollen.

Sie haben das Problem überhaupt nicht erfasst.

Ich weigere mich, überhaupt ein Problem zu sehen.

Dann wird es schwierig, darüber zu sprechen. Wir können nur über Probleme sprechen, die wir gemeinsam anerkennen.

Das Problem, von dem Sie sprechen, die Rückschrittlichkeit des Islam, ist nicht das eigentliche Problem des Westens mit dem Islam. Die Neigung zum Frömmeln oder zum Fundamentalismus haben Sie in allen Religionen. im Christentum, im Judentum, bei den Hindus. Da ist nun der Islam keine Ausnahme. Sie erinnern sich, dass in Indien Anfang der neunziger Jahre radikale Hindus die Babri-Moschee in Ayodhya zerstörten und es anti-muslimische Pogrome mit Tausenden Toten gab. Es gibt im Westen, auch in Deutschland, einen Rassismus, der mit Feindbildern gefüttert werden will, und der zu einer Islamophobie oder einem Antiislamismus führt. Lassen Sie uns lieber über deutsche Rassisten als über islamische Rückständler reden.

Es gibt weltweit kaum größeren Rassismus als den des Islam.

Jetzt wollen Sie mir vielleicht auch noch erklären, dass der Islam eigentlich ein Faschismus sei und das schon von Anfang an. Ich glaube, Sie verkennen das Wesen der Religionen. Wie gesagt: Wir sollten uns um die Splitter im eigenen Auge kümmern, nicht um die Balken bei den anderen. Sie gehen uns nichts an.

Der deutsch-ägyptische Politologe Hamed Abdel-Samad hat zum Thema Faschismus und Islam ein erhellendes Buch geschrieben. Auf jeden Fall geht uns das Phänomen dieser historisch verspäteten und deshalb so autoritären Religionsideologie sehr viel an. Sie bedroht auch die westlichen Gesellschaften, von innen wie von außen. Es geht uns etwas an, wie uns das Schicksal der Arbeiter in Bangladesch etwas angeht, die Kleider für westliche Modeketten nähen und unter menschenunwürdigen Bedingungen arbeiten, damit die Gewinnmarge beim Verkauf in den Shops unserer Städte hoch bleibt.

Ja, das geht uns etwas an, wenn wir diese Waren billig kaufen. Das ist unsere Verantwortung als Konsument.

Es geht mich etwas an, wenn Menschen in Katar wie Sklaven arbeiten, damit dort eine Fußball-Weltmeisterschaft stattfinden kann. Ich will den Islam nicht in seinem religiösen und historischen Kern kritisieren. Das steht mir nicht zu. Ich kritisiere die Missstände, die in der Gegenwart unter Berufung auf diese Religion herrschen. Ich bin nicht gegen Muslime, ich kritisiere den Islam. Ich halte den Islam für ein mit dem Marktradikalismus vergleichbares Weltproblem.

Sie sind kein Muslim. Sprechen Sie nicht für die Muslime.

Es geht uns alles an, was auf der Welt passiert. Ihre Zeitung schreibt auch nicht über die Berliner S-Bahn, sondern über das Weltgeschehen. Hätten wir im Westen sagen sollen: »Das Apartheid-Regime in Südafrika geht uns nichts an«? Oder: »Was geht es uns an, dass dort die schwarze Bevölkerungsmehrheit unterdrückt wird?« Beim Islam geht uns an, dass die Frauen, immerhin die Hälfte der Bevölkerung, aus religiösen Gründen unterdrückt werden. Weil es die islamische Lehre verkündet. Wir müssen uns mit der Gefahr auseinandersetzen, die vom Islam ausgeht. Die Rückschrittlichkeit des Islam inmitten einer sich rasant modernisierenden Welt führt zu einem Spannungsfeld, das früher oder später zu einer Explosion führen muss. Saudi-Arabien, dieses Mittelalter fünf Flugstunden von Frankfurt, sieht das so: »Wir wollen nicht die westlichen Werte, aber wir wollen die Panzer von Krauss-Maffei.« Auch der Faschismus ist aus dem Spannungsfeld von retardiertem, also reaktionärem Denken und demokratischer Zivilisation hervorgegangen. Hier sehe ich eine reale Gefahr.

Wen meinen Sie? Den Islam in der Türkei, in Indonesien? Wussten Sie, dass es in Marokko Heiligenverehrung gibt? Für einen waschechten Wahhabiten aus Saudi-Arabien ist das ein Gräuel! Sie haben in jedem islamischen Land eine völlig andere Situation.

Nein …

… die haben nichts miteinander zu tun …

… das stimmt nicht. Für uns ist nicht relevant, was die islamischen Strömungen unterscheidet, sondern was sie verbindet. Das Gemeinsame ist die Verspätung der religiösen Ideologie. Es ist eine Tragik, dass Hunderte Millionen Menschen in religiös-kultureller Unmündigkeit leben müssen.

Indien hat strenge Gesetze gegen Homosexualität erlassen. Es leben über 1,2 Milliarden Menschen in Indien. Sind Sie für die jetzt auch zuständig? Wollen Sie die alle befreien oder bekehren?

Ich finde Ihre Argumentation eine sehr deutsche. Sie wollen sich in Kenntnis der deutschen Geschichte aus allem heraushalten. Das ist vielleicht honorig, aber politisch fatal.

Ach, das ist eine beliebte rhetorische Volte, die Sie da schlagen. Meine Haltung hat mit Geschichte nichts zu tun, sondern mit Vernunft. Und leider ist diese Argumentation gar nicht sehr deutsch. Es gibt immer mehr Deutsche, die vollkommen auf der islamophoben Linie liegen. Islamophobie ist heute so gesellschaftsfähig, wie es früher der Antisemitismus war.

Sie werden doch nicht in Abrede stellen, dass Islamisten ein problematisches Verhältnis zu westlichen Errungenschaften wie Demokratie und Rechtsstaat haben …

… natürlich halten die Islamisten nichts von unserem Rechtsstaat. Darum sind sie ja auch Islamisten. Das liegt in der Definition des Wortes. Haben die Muslime ein gebrochenes Verhältnis zu unserem Rechtsstaat? Das sehe ich nicht. Geben Sie den Muslimen die Möglichkeit zur doppelten Staatsbürgerschaft, geben Sie ihnen Arbeit und soziale Aufstiegschancen, bringen Sie ihnen persönlichen Respekt entgegen …

…leider besetzt nur die äußerste Rechte dieses Thema; die bürgerlichen Kräfte im Westen ignorieren es. Die demokratische Linke und die demokratische Rechte verwechseln ihre kritische Haltung zum Islam mit Antisemitismus. Weil sie keine Antisemiten sein wollen, schweigen sie. Es muss zum Beispiel darum gehen, dass die vielen Tausend jungen Menschen, die hier dem Einflussbereich einer völlig entrückten Religion angehören, in der Schule und in den Ausbildungsbetrieben einen Ehrgeiz entwickeln, um sozial und wirtschaftlich autonome Bürger zu werden. Ohne diesen Ehrgeiz hilft alle Hilfe nichts.

Sie vereinfachen die Wirklichkeit bis an die Grenze des Populismus. Denn im Westen gibt es sehr viele laizistische Muslime, die überhaupt kein Problem damit haben, die islamische Religion mit der westlichen Lebensart in Einklang zu bringen. Im Übrigen wird, wie gesagt, in der Bibel auch gesteinigt…

…in der Bibel. Aber nicht in Deutschland. Jedoch werden in Saudi-Arabien und im Iran Frauen tatsächlich gesteinigt…

… und in Amerika werden schwachsinnige Jugendliche, die einen Mord begangen haben, zum Tode verurteilt. Ich wüsste nicht, dass irgendein Land die Handelsbeziehungen mit den USA wegen dieser kulturell rückständigen Praxis abgebrochen hat.

Ich habe nicht gefordert, dass wir mit der islamischen Welt die Handelsbeziehungen abbrechen.

Ich kenne einen laizistischen Muslim, der mit Schrecken feststellen musste, dass seine Töchter plötzlich Kopftuch trugen. Weshalb tun sie das? Erstens stecken sie in der Pubertät und wollen ihrem Vater zeigen, was eine Harke ist. Hier kann man sagen: Das geht vor-

bei. Zweitens tun sie es, weil sie das Gefühl haben, dass ein Teil ihrer Kultur im Westen nicht akzeptiert wird. Deshalb praktizieren sie ihre Kultur, die islamische Kultur, umso konsequenter. Jetzt rächt sich, dass Deutschland sich seinem Charakter als Einwanderungsland verweigert hat. Deutschland war schon immer ein Einwanderungsland, so wie die meisten Länder Ein- und Auswanderungsländer sind. Wir haben uns das Problem, dass unsere Kultur mit der Kultur des Islam zusammenprallt, auch selbst eingebrockt. Wir hätten viel früher sagen müssen: »Es leben Millionen von Muslime in Deutschland, sie gehören zu uns. Wenn sie hier Moscheen bauen wollen, haben sie ein Recht dazu.« Man muss als Gastland nicht alles zulassen, das Grundgesetz gilt nach wie vor, aber man kann auch nicht sagen: »Ihr seid rückschrittlich, und wenn ihr hier leben wollt, müsst ihr euch modernisieren.«

Als Demokrat und Republikaner kann ich die islamische Religionskultur nicht akzeptieren. Sie ist mir feindlich gesinnt. Wenn Muslime in eine demokratisch-republikanische Ordnung einwandern, muss ich mich als Angehöriger eines Einwanderungslandes mit ihnen auseinandersetzen, diskutieren und eine ganz klare Sprache darüber führen, was bei uns gilt und was bei uns nicht geht. Ich muss nicht hinnehmen, dass Muslime hier ihre politischen und gesellschaftlichen Ordnungsvorstellungen praktizieren.

Die Muslime kommen nicht wegen des Grundgesetzes nach Deutschland, sondern weil sie hier arbeiten wollen.

Sie kennen es gar nicht. Aber es gilt. Für mich gilt in Berlin auch nicht die Schweizer Bundesverfassung: Es gilt das deutsche Grundgesetz, und zwar mit seinen Wirkungen bis in die Familie hinein, vor allem was die Rechte von Frauen betrifft.

Die meisten Menschen in Deutschland kennen das Grundgesetz nicht und leben trotzdem ganz gut.

Auch in der Schweiz kennen die meisten Leute die Verfassung nicht. Sie verhalten sich aber völlig verfassungskonform. Viele Muslime in den westlichen Ländern verhalten sich allerdings nicht verfassungskonform. Für Muslime ist die Verfügbarkeit des Mannes über die Frau noch immer selbstverständlich.

Lieber Herr Meyer, Sie wissen genauso gut wie ich, dass viele Deutsche mit den Prinzipien des Grundgesetzes nichts anfangen können. Trotzdem gilt das Grundgesetz natürlich auch für sie. Von den Einwanderern verlangen sie aber, dass sie das Grundgesetz im Herzen tragen...

...weil sie aus einer Kultur kommen, deren Grundsätze mit den Prinzipien des Grundgesetzes kollidieren. Wenn ein Supermacho der »Hells Angels« seine Freundin schlecht behandelt, kann ich sagen: Diese Frau kommt aus demselben Kulturkreis wie ihr Partner, sie kann das Verhalten ihres Partners akzeptieren oder nicht. Wenn ein Muslim seine Frau schlecht behandelt, muss ich sagen: Er vertritt ein Bewusstsein, das in diesem Land seit langer Zeit überwunden ist, und das mit der Verfassung dieses Landes kollidiert. Dieses Bewusstsein wird leider auch von hochdubiosen Islam-Verbänden gepredigt.

Der deutsche Staat braucht Ansprechpartner. Das ist bei einer Religion, die keine zentrale Kirche kennt, ziemlich schwierig.

Wenn diese Verbände den Islam offiziell vertreten, sollte der Staat wissen, welchen Islam diese Verbände vertreten...

... nur wenn der Staat eine religiöse Vereinigung unterstützt, hat er das Recht zu erfahren, was gelehrt wird. Sie wissen auch nicht,

was in irgendeinem Fußballverein nach dem Training besprochen wird...

... doch. Der Fußballverein unterliegt absolut transparenten Kriterien. Sie können auch in einem Fußballverein nicht predigen, was Sie wollen, etwa totalitäre Theorien verbreiten.

Katholische Priester haben in den sechziger Jahren auch noch gegen die Sozialdemokraten gepredigt. Die katholische Kirche hatte zu dieser Zeit noch immer den Anspruch auf unmittelbare politische und gesellschaftliche Wirksamkeit...

... bis zum Konzil von Johannes XXIII. ...

... so lange ist das noch nicht her...

... aber wer heute in unsere Gesellschaft kommt, muss die Gesellschaft von heute akzeptieren, nicht die von vor vierzig oder fünfzig Jahren.

Übrigens habe ich bisher nur von der Unterdrückung der Frau geredet. Lassen Sie uns über das Männerbild im Islam sprechen. Junge muslimische Männer bekommen vermittelt, dass es bereits genügt, Mann zu sein. Mehr muss der Mann eigentlich nicht tun. Unsere Gesellschaft kann aber keine Männer brauchen, die sich als Männer selbst genügen; und auch nicht Frauen, die davon ausgehen müssen, dass ihr Lebensziel die Heirat ist. Der gesellschaftliche Misserfolg so vieler Muslime ist in dieser religiös vorgeprägten, sogar religiös verordneten Passivität begründet.

Sie nehmen Wertungen vor. Ich stelle nur fest, dass im Islam anders gedacht wird. Ich finde, eine zentrale Lehre der letzten hundert Jahre muss sein: Wir haben kein Recht, das Andere zu bewerten. Diesen Satz muss man in Erz gießen. Wir dürfen das Andere nur in dem Maße bewerten, wie wir selbst Verantwortung für das Andere tragen. In diesem Fall tragen wir keine Verantwortung. Oder wir dürfen Stellung beziehen, wenn wir uns von diesem Anderen bedroht fühlen. Eine solche Bedrohung existiert nicht. Wenn wir die Apartheid in Südafrika dadurch unterstützen, dass wir Granny-Smith-Äpfel kaufen, geht es uns etwas an. Aber welche Stellung die Frau in der indonesischen Gesellschaft hat, geht uns nichts an.

Jawohl, ich bewerte! Ich nehme mal ein anderes Beispiel: Als Demokrat lässt es mich nicht gleichgültig, wie die Demokratie in Ungarn beschädigt wird, wie dort ein Antisemitismus entsteht. Ich bewerte Orbans Regierung als Regime, das der Europäischen Union unwürdig ist.

Absolut. Ungarn ist Teil der Europäischen Union. Ungarn geht uns an. Man kann eben nur etwas bewerten, von dem man ein Teil ist. Ich kann nur bewerten, wozu ich gehöre.

Nein. Jeder von uns ist ein Teil der Welt.

Nein. Der Maßstab ist zu groß. Ich kann mich nicht in ein sinnvolles Verhältnis zur ganzen Welt setzen. Das ist inkommensurabel.

Indem Sie sich mit dem Islam beschäftigen, setzen Sie sich in ein Verhältnis zu ihm. Ich kann mich mit dem Christentum beschäftigen und in ein Verhältnis zu ihm treten, obwohl ich als Kind keine christliche Erziehung erlebt habe. Sie werten im Übrigen auch! Sie haben voller Empörung das Beispiel mit der Giftspritze genannt.

Nein. Es dient ganz ohne Empörung als Beleg dafür, dass die kulturelle Idee des Westens eine Fiktion ist. Es gibt »den Westen« überhaupt nicht. Die USA unterscheiden sich von Europa kultu-

rell so sehr, dass von einer Gemeinschaft nicht die Rede sein kann. Sicherlich sind die Amerikaner uns kulturell näher als zum Beispiel der Iran. Aber dennoch leben wir in verschiedenen Kulturkreisen.

Die kulturelle Basis ist noch dieselbe. Auf dieser Basis haben sich Amerika und Europa teilweise unterschiedlich entwickelt. Wir haben hier in Europa wie auf der anderen Seite des Atlantiks ein politisches System der Gewaltenteilung. Aber die amerikanische Demokratie ist ein Zensus-System: Wenn Sie kein Vermögen haben, oder wenn Sie sich nicht durch reiche Sponsoren aushalten lassen, können Sie in der Politik nichts werden.

Amerika wird immer pazifischer und immer weniger atlantisch. Der amerikanische und der europäische Kulturkreis werden sich immer weiter auseinanderdividieren.

Frank A. Meyer
Svera

Svera, 16, Schweizerin pakistanischer Herkunft, wollte leben, wie junge Schweizerinnen heute nun mal leben. Dazu gehörte die Pflege ihres Aussehens: Sie schminkte sich, schmückte sich, frisierte sich, machte sich schön, wollte gefallen, vor allem natürlich jungen Männern.

Die Natürlichkeit Sveras missfiel ihrem muslimischen Vater: Er erschlug seine Tochter mit der Axt.

Die Ermordung dieses jungen Mädchens durch den eigenen Vater ist nur ein weiterer Fall islamischer Männergewalt gegen Frauen: vom Kleiderzwang über Züchtigung und Zwangsheirat bis hin zu Mord.

Ist solche Männermacht und Männergewalt kompatibel mit unserem demokratischen Rechtsstaat, der die Gleichberechtigung der Frau schützt – bis hinein in die Intimität der Partnerschaft: durch das Verbot häuslicher Gewalt, also von Schlägen und Vergewaltigung?

Dem muslimischen Mann gesteht der Koran das Erziehungsrecht über die Gattin zu. Das Recht, die Frau bei unbotmäßigem Benehmen zu schlagen, ist im Islam unbestritten. Der einschlägige Koranvers dazu, Sure 4,34, lautet unmissverständlich: »Diejenigen (Frauen) aber, deren Widerspenstigkeit ihr fürchtet, ermahnt sie, meidet sie im Ehebett und schlagt sie.«

Die Gehorsamspflicht der Frau gegenüber dem Mann, im Sexuellen wie im Alltag, gehört zur religiösen Kultur des Islam. Die Grundlage für dieses ausgeklügelte System zur Unterdrückung der Frau ist die Scharia. Stets ist in ihren Rechtsvorschriften der Mann der Frau übergeordnet, ein Vormund, der für sie wichtige Entscheidungen trifft, der das Recht hat zu kontrollieren, wie sie sich in der Öffentlichkeit bewegt. Stock-konservative Muslime können sich sogar auf eine Regel aus den Überlieferungstexten berufen, nach der die Frau das Haus nur zweimal verlässt – am Tag der Hochzeit und auf der Totenbahre. Die mildere Form dieser Gefangenschaft ist die Vorschrift, dass sich die Frau total verschleiern muss, sobald sie das Haus verlässt, beispielsweise in der Burka, dem textilen Gefängnis für unterwegs.

Im Namen von Koran, Scharia und patriarchalischer Über-lieferung werden Frauen heute noch überall in der Welt des Islam geschlagen, genital verstümmelt, zwangsverheiratet, vergewaltigt, eingesperrt, gesteinigt. Der Katalog der Grau-samkeiten, so mittelalterlich er wirkt, ist eine aktuelle und akute Bedrohung nicht nur für Abermillionen Frauen, die in den islamisch geprägten Gesellschaften leben, sondern ebenso für Frauen in strenggläubigen Familien mitten unter uns. Wie Svera, die den Vorstoß gegen das Regelwerk mit ihrem jungen Leben bezahlen musste.

Eugenia Binz arbeitet als Leiterin des Zürcher Mädchen-hauses. Sie weiß, wie gefährlich vor allem für muslimische Mädchen das Leben in der Welt zwischen Islam und Freiheit ist. Der Drang dieser Migrantinnen nach Freiheit stoße immer wieder auf den Widerstand von Vätern und Brüdern: »Das geht bis zur Morddrohung oder der Drohung, ins Ausland geschickt und zwangsverheiratet zu werden.«

Und wen haben junge Frauen wie Svera auf ihrer Seite? Man müsste meinen: unser Rechtssystem und unsere Öffent-lichkeit. Doch mehr und mehr predigen politische und publi-zistische Meinungsmacher Toleranz gegenüber der islamischen Frauenunterdrückung. Dabei verkehren sie Fakten ins Gegen-teil. Zum Beispiel argumentieren die Schweizer Jungfreisinnigen folgendermaßen gegen einen Burka-Verbot: »Es ist aus liberaler Sicht undenkbar, dass der Staat seinen Bürgern vorschreibt, was sie tragen dürfen.«

Der Satz ist dumm. Oder zynisch. Denn die Burka ist das Gegenteil von Selbstbestimmung: Sie ist die öffentlich auffälligste Form islamischer Frauenunterdrückung; sie ist ein augenfälliger, für unsere Kultur provozierender Ausdruck von Männerherrschaft. Das Verbot der Burka ergibt sich aus dem Gebot zur Gleichstellung der Frau. Es bedeutet Gleichberechtigung, wie sie in unserer Verfassung steht.

Die Jungfreisinnigen schreiben weiter: »Wenn eine Frau eine Burka aus Überzeugung tragen möchte, so darf ihr der Staat das nicht generell verbieten.« Auch hier stellen sie die Fakten auf den Kopf: Das Bekenntnis zum Islam erfordert die Unterwerfung unter die Gebote und Verbote des Islam, von der totalen Auslöschung der Frauenpersönlichkeit im extrem konservativen, zum Beispiel im wahhabitisch-saudischen Islam, bis zum schamvollen Verstecken der weiblichen Haarpracht in der konservativ-türkischen Glaubenswelt.

Dabei geht es immer um dasselbe, immer um das eine: um die Unterdrückung – um die Lebensbehinderung der Frau.

Die »Weltwoche« stellt auf der Titelseite ihrer aktuellen Ausgabe die Frage: »Muss der Islam verboten werden?« Wörtlich genommen – und so will der Koran ja verstanden werden, weil ihn Gott persönlich formuliert hat – ist der Islam mit seinem Scharia-Recht gewiss verfassungsfeindlich. Aber verfassungsfeindlich ist die katholische Pius-Bruderschaft ebenfalls.

Der Islam ist eine große Religion. Mit einer großen Vergangenheit. Und leider heute auch mit einer großen und deshalb gefährlichen historischen Verspätung – wovon nicht zuletzt der islamistische Terror gegen die Moderne zeugt.

Aber ein Verbot der Burka? In unserer offenen Gesellschaft? Grotesk! Und völlig überflüssig, denn der demokratische Rechtsstaat, in der Schweiz wie überall in Europa, hält genügend Gesetze und Gebote bereit, diese Religion, die ja auch ihre Würde hat wie alle Religionen, demokratietauglich zu machen.

Es muss gelten: Wer bei uns lebt, lebt nach unseren Rechten und Pflichten, lebt auch und vor allem nach unserer Vorstellung von der Gleichberechtigung der Frau. Oder er lebt nicht bei uns!

Der Islam als Religion und Rechtssystem ist ja nur das eine. Das andere sind Hunderttausende Menschen, die Muslime in unserem Land, sind Millionen Muslime in Europa. Die meisten von ihnen leben und lieben die Demokratie. Sie haben Arbeitsplätze gesucht und haben Freiheit gefunden – vor allem die jungen Frauen.

Wie Svera.

»Sonntagsblick«, 16. Mai 2010

Frank A. Meyer
Wo sind wir denn!

Dürfen Christen ihr Kreuz noch überall sichtbar tragen, zum Beispiel als Halskettchen? Wenn ja, ist es dann nicht folgerichtig, dass Musliminnen ihr Kopftuch überall tragen dürfen – als Lehrerinnen, Studentinnen und am Arbeitsplatz?

Im Zürcher »Tages-Anzeiger« war diese Woche die Überschrift zu lesen: »Aus Schleier-Debatte wird eine um religiöse Symbole«.

Wer kann schon etwas gegen religiöse Symbole haben? Aber sind Tschador und Kopftuch überhaupt religiöse Symbole? Wie das Kreuz? Da herrscht doch wohl Begriffsverwirrung.

Halten wir erstens fest: Das christliche Kreuz ist tatsächlich ein religiöses Symbol.

Halten wir zweitens fest: Die Verschleierung der muslimischen Frau ist kein religiöses Symbol. Sie ist vielmehr eine religiös verordnete Kleidervorschrift, und sie folgt einer ganz bestimmten Absicht.

Die Frau gilt im Islam als gefährlich triebbestimmtes Wesen, als unfähig, ihre provozierende Wirkung auf die Männer zu zügeln; sie ist also nur verhüllt erträglich; und sie ist der Disziplinierung durch den Mann unterworfen, dem das Züchtigungsrecht zusteht, wenn sie ihm nicht gehorcht; das Recht, die Frau körperlich zu züchtigen, gilt auch im Fall von sexuellem Ungehorsam.

Die Verharmlosung von Tschador, Kopftuch und anderen Verhüllungen als »religiöse Symbole« täuscht über die skandalöse Wirklichkeit hinweg: Der Frau im Islam ist die körperliche Selbstbestimmung untersagt.

Westliche Schönfärber der Frauenunterdrückung im Islam rechtfertigen repressive Kleidervorschriften gern mit der Behauptung, das Kopftuch, ja sogar die Verschleierung seien Ausdruck muslimisch-fraulichen Selbstbewusstseins.

Richtig ist, dass die Zahl orthodoxer Musliminnen wächst, die sich verhüllen, um ihr religiöses Bekenntnis auf der Straße unter Beweis zu stellen. Auch wächst die Zahl der Islamistinnen, die sich mit den männlichen Fundamentalisten solidarisieren.

Das ändert jedoch nichts an der Tatsache, dass in ganz Europa Hunderttausende Frauen von ihren muslimischen Männern in familiärer Unfreiheit gehalten werden – mitten in einer Rechtskultur, wo die Gleichberechtigung der Frau durch die Verfassung vorgeschrieben ist.

Doch wenn es um die Gleichberechtigung und um die Selbstbestimmung von Musliminnen geht, gilt unsere Verfassung offenbar nur noch bedingt.

Jüngstes Beispiel, eben erst im »Blick« zu lesen: Eine muslimische Berufsschülerin wird von einer Exkursionswoche dispensiert, weil sie seit kurzem verlobt ist und deshalb, wie es die religiöse Vorschrift will, nicht mehr ohne ihren Verlobten auf Reisen gehen darf.

Was gilt nun: unser weltliches Recht? Oder religiöses Unrecht? Der Begriff Unrecht ist mit Bedacht gewählt! Denn die Unterdrückung der Frau, mit welcher religiös-kulturellen Begründung auch immer, ist Unrecht im Rechtsstaat – also auch in der Schweiz.

Gerade in der Schweiz. Wo sind wir denn!

»Sonntagsblick«, 22. Oktober 2006

Jeder gute Papst muss Antikapitalist sein
Über Päpste und das Christentum

Frank A. Meyer: Benedikt XVI. hat eine Revolution vollbracht: mit seinem Rücktritt. Alles, was er als Papst vorher getan hat, hat nicht die Bedeutung seines Rücktritts.

Jakob Augstein: Diese Entscheidung habe ich nicht verstanden. Ich fand sie falsch.

Ob Sie es falsch fanden oder nicht ...

... weshalb hat er das getan? War er sich selbst so wichtig? Hätte er nicht einfach im Amt den Tod erwarten können?

Er hat das Amt auf den Boden der Wirklichkeit geholt.

Das war nicht seine Aufgabe. Es hat auch niemand von ihm verlangt, dass er dies tut.

Ich behaupte nicht, dass es seine Aufgabe war. Sie treffen ein Urteil. Ich stelle nur etwas fest.

Das habe ich auch festgestellt. In einem nächsten Schritt treffe ich ein Urteil und sage: Er hat der katholischen Kirche und dem Papstamt keinen Gefallen getan. Es war vollkommen unnötig, daran zu erinnern, dass »Papst« auch nur ein Job ist wie »Bundespräsident«.

Johannes Paul II. ...

*… ist öffentlich gestorben. Oder anders ausgedrückt: Er hat öf-
fentlich zu Ende gelebt. Das hat mir ungeheuer imponiert in einer
Zeit, in der ständig von einer Überalterung der Gesellschaft die
Rede ist. Das Wort »Überalterung« finde ich würdelos, pervers.*

Ich verstehe, was Sie meinen. Johannes Paul II. hat mit seinem
öffentlichen Sterben eine Botschaft vermittelt, die von allen
Menschen verstanden wurde. Aber deshalb musste es sein
Nachfolger nicht genauso machen. Ein Mensch darf aufgeben.
Benedikt XVI. hat aufgegeben. Davor habe ich großen Respekt. Sein theologisches Wirken hat mir allerdings nicht sehr
imponiert. Das seines Vorgängers übrigens auch nicht.

Nein. Johannes Paul II. war ein reaktionärer Konservativer.

Benedikt XVI. auch.

*Der neue Papst ist ganz anders. Er ist der erste Papst der Globali-
sierung. Wegen ihm wäre ich jetzt gern katholisch.*

Sie wären gern Papst – geben Sie's zu! Sie haben gerade drei
Päpste kurz und präzis charakterisiert.

Ja, wegen der weißen Gewänder und der roten Pantoffeln …

… und den Hemdchen mit Spitzen. Es ist schön anzusehen,
aber es strahlt auch etwas Befremdliches aus.

*Alle rituellen Gewänder strahlen auf uns etwas Befremdliches aus.
Wir tragen ja nur noch Jack-Wolfskin-Regenjacken. Da muss alles
andere befremdlich auf uns wirken.*

*Papst Franziskus wurde kürzlich in einer Zeitung ein »Antika-
pitalist« genannt. Als ich das las, fragte ich mich: »Was soll er sonst
sein?« Wenn man den Katholizismus ernst nimmt, ist er im Wesen
antikapitalistisch. Jeder gute Papst muss Antikapitalist sein, oder?*

172

Ja. Trotzdem gibt es zwischen der Kritik am Kapitalismus von Johannes Paul II. und Benedikt XVI. auf der einen und Franziskus auf der anderen Seite einen Unterschied: Das Kapitalismus-Bashing von Franziskus' Vorgängern lief immer auf den Appell an die Menschen hinaus, zum Glauben zurückzukehren und aus dem Glauben heraus materiellen Verzicht zu leisten. Der Kapitalismus sollte sich verändern, indem die Menschen sich verändern, indem die Kapitalisten gut werden. Franziskus ist der erste Papst, der die Struktur des Kapitalismus kritisiert. Er spricht von der »Tyrannei eines vergötterten Marktes«. Diese Kritik enthält zwei Elemente. Erstens: Der Kapitalismus hat die Bedeutung einer Gegenreligion angenommen, der Markt wird als Götze verehrt. Und zweitens: Der Marktradikalismus unterwirft die Menschen, ist also eine Tyrannei. Papst Franziskus spricht aus, wo jetzt angesetzt werden muss. Er konnte zu dieser zeitgemäßen Analyse kommen, weil er sich in Südamerika mit der Befreiungstheologie auseinandersetzen musste. In Südamerika sind theologische Botschaften immer auch politisch aufgeladen. Papst Franziskus denkt politisch. Er verfügt über das analytische Besteck, um die neoliberale Ideologie wirklich zu sezieren. Seine beiden Vorgänger verfügten darüber nicht.

Ich wiederhole mich gern: Papst Franziskus ist der erste Papst der Globalisierung. Ich wäre jetzt gern katholisch.

Er erkennt, wozu die Globalisierung führt: zu rechtsfreien Räumen, in denen sich eine Gegenreligion installiert hat, eine ökonomische Tyrannei. Diese Tyrannei hat nichts zu tun mit dem sozial kontrollierten Kapitalismus, wie er bis 1989 bestand. Die Diktatur des Marktes widerlegt diesen Kapitalismus mit menschlichem Antlitz auch nicht. »Sozial kontrolliert« bedeutet für mich: Ich kann als freier Mensch in einer freien Gesellschaft leben und wirtschaften; meine Freiheit und mein Eigentum werden von einer rechtsstaatlichen Ordnung geschützt; ich bin aber in eine gesellschaftliche Verantwortung eingebunden, ja, ich habe mich dem demokratischen Ratschluss dieser Gesellschaft zu unterziehen.

Ich finde es beruhigend, dass die katholische Kirche nach so langer Zeit, wie das Papsttum besteht, eine solche Persönlichkeit hervorbringen kann. Der innere Erneuerungsprozess scheint immer noch möglich. Papst Franziskus erinnert wieder daran, dass das Christentum im Kern eine sozialrevolutionäre Religion ist. Erst die Institution der Kirche hat daraus eine Herrschaftsreligion gemacht.

Das Christentum ist eine Befreiungsreligion.

Links sein und Christ sein, das geht für mich gut zusammen.

Die Kirche – besonders natürlich die katholische Kirche – hat aus einer sozialrevolutionären Religion einen Machtapparat gezimmert und damit die Religion verraten. Übrigens einen Männermacht-Apparat.

So weit würde ich nicht gehen...

... denken Sie an das Zusammengehen der katholischen Kirche mit den faschistischen Mächten. Nehmen Sie die Diktaturen in Südamerika und Europa – die katholische Kirche hat immer mitgespielt. Nicht die Mächtigen, sondern die Dissidenten in der katholischen Kirche haben das Christentum erneuert und gestärkt. Mit Papst Franziskus sitzt womöglich ein Dissident auf dem Stuhl Petri.

In den Ländern, wo die Regeln der Weltwirtschaft festgelegt werden, in den USA, in China, in Russland, in Europa und hier

174

auch in Deutschland, spielt die katholische Kirche keine bedeu-
tende Rolle mehr. Überall dort, wo sich der zügellose Kapitalismus
Bahn gebrochen hat, ist die katholische Kirche als politischer und
kultureller Faktor nicht mehr vorhanden. In den USA gereicht es
sogar zum Nachteil, wenn man als Katholik in die Politik gehen
will. Und dort, wo die katholische Kirche politisch wichtig ist,
etwa in Südamerika, steht sie auf der Opferseite des kapitalisti-
schen Systems. Wenn die katholische Kirche den Weg, den Papst
Franziskus eingeschlagen hat, weitergeht, findet sie zu ihren sozi-
alrevolutionären Wurzeln zurück.

Einverstanden.

Leider ist Herr Fitschen mächtiger als der Papst.

Herr Fitschen ist überhaupt nicht mächtig, jedenfalls für die
Gesellschaft nicht. Er ist in der Deutschen Bank mächtig, aber
das auch nur in seiner Funktion als Vorstandsvorsitzender,
nicht als Persönlichkeit. Wenn Herr Fitschen einmal aus dem
Amt scheidet, werden sich sechs Monate später nicht einmal
mehr die Journalisten, die heute vor ihm auf den Knien rut-
schen, an seine Namen erinnern.

Weil auf ihn ein anderer »Herr Fitschen« folgt. Herr Fitschen ist
nur ein Platzhalter. Dann sage ich: Leider sind »die Fitschens«
mächtiger als der Papst.

Auf das Treiben der Kapitalisten hat der Papst natürlich keinen
Einfluss – trotzdem erachte ich die Wirkung seiner Lehrschrift
»Evangelii Gaudium« für nicht gering. Der Papst entwindet
das Thema dem rein ökonomisch geführten Diskurs. Er macht
daraus einen kulturellen Diskurs mit religiöser Komponente.
Er sagt klar, was der ungezügelte Kapitalismus für die Gesellschaften der Welt bedeutet. Das ist neu. Das wird an christ-

lichen Gruppen, die politisch Einfluss haben, nicht spurlos vorübergehen. Die kulturelle Dimension der Ökonomie verständlich zu machen, darin erblicke ich eine verändernde Kraft. Solange wir im rein ökonomischen Diskurs bleiben, sind wir ohnmächtig, weil wir gar nicht sehen, was der Kapitalismus für die Gesellschaft wirklich bedeutet – was der Marktfetischismus anrichtet, was er stört und zerstört.

Stalin hat gefragt: »Wie viele Divisionen hat der Papst?«

Immerhin gibt es das Papstamt noch, während es das Amt, das Stalin innehatte, nicht mehr gibt. Es gibt nicht einmal mehr das Reich, das er regiert hat.

Russland wird immer noch von einem zaristischen Regime regiert. In Russland hat sich seit Stalin wenig verändert.

Das lässt sich immer behaupten: Auf einen Bösen folgt der nächste Böse. Dennoch bleiben die Verhältnisse nicht dieselben. Der Katholizismus hatte immer seine Divisionen, er hat sie auch heute. Als Kulturprotestant und Laizist fühle ich mich durch diese Divisionen oft auch zu Widerstand provoziert.

Ich finde es gut, dass der Papst das Thema dem rein ökonomisch geführten Diskurs entwindet, wie Sie es nennen. Für die eine Hälfte der Welt, wo die Opfer dieses Kapitalismus leben, ist das sehr wichtig. Es wird aber auf der anderen Seite der Welt, wo die Täter sitzen, nichts ändern. Kein Portfolio-Manager, kein Wall Street-Händler, kein Politiker und übrigens kein Wähler wird sein Verhalten ändern, weil sich der Papst in dieser Weise positioniert hat.

Es geht nicht um die Veränderung von Verhalten. Es geht um das Setzen von Regeln.

Auf einen Espresso mit Frank A. Meyer und Marc Walder
Über die Macht des Vatikans – und die Macht der Liebe

Sagen Sie mal, Frank A. Meyer, was für einen Papst braucht die Welt?

Die Welt braucht keinen Papst, die katholische Kirche dagegen schon.

Gut, was für einen Papst braucht die katholische Kirche?

Die Antwort ergibt sich aus dem Scheitern von Benedikt XVI.

Weshalb? Woran ist er gescheitert?

Dieser zutiefst fromme bayerische Theologieprofessor vermochte seinen Glauben nie ganz in Übereinstimmung zu bringen mit dem Machtzynismus seiner Kirche.

Erklären Sie!

Um es ganz verkürzt zu sagen: Joseph Ratzinger hat wirklich geglaubt; er hat von seinem Glauben auch nicht lassen wollen angesichts seines Amtes, in dem es vor allem darum geht, katholisch zu sein. Macht auszuüben in diesem globalen Esoterik-Konzern, heißt heute nichts anderes als die Unterordnung des Glaubens unter die Institution der römischen Kurie. In den Gärten des Vatikans wird der einfache Pilger Benedikt seine Hingabe an Gott künftig unbelastet von allen unheiligen Zwängen des katholischen Weltenlaufs pflegen können.

Das Amt formt den Papst, nicht der Papst das Amt, wenn ich Sie richtig verstehe.

Wie das Beispiel Joseph Ratzingers zeigt, verschlingt es den Menschen, der in der Sixtinischen Kapelle erkoren wird. Und macht aus ihm einen Papst. Bei Benedikt aber ist diese Wandlung nicht vollständig gelungen. Er blieb irgendwie dissident, auf stille Weise widerspenstig.

Sie sind seit Jahrzehnten ein vehementer Kritiker der katholischen Kirche. Vielleicht fehlt Ihnen am Ende einfach der Respekt.

Richtig ist, lieber Marc Walder, dass ich mich schon lange und immer wieder mit dem System des Katholizismus auseinandersetze. Schließlich sieht er sich ja als die einzige wirkliche Kirche. Seine Geschichte ist aufs Engste verwoben mit der Geistesgeschichte der abendländischen Welt, leider auch mit der politischen Unterdrückungsgeschichte. Die Kirche hat sich immer wieder und überall mit den Mächtigen gegen die Ohnmächtigen verbündet, sei es in Südamerika mit den Militärregimes von Videla bis Pinochet, sei es in Westeuropa mit faschistischen Diktaturen von Franco bis Salazar, sei es – noch früher, noch blutbefleckter – durch Konkordate mit Mussolini und Hitler. Der katholische Widerstand gegen Ausbeutung, Unterdrückung und Totalitarismus ging allzu oft von isolierten Gruppen katholischer Gläubiger aus, im besten Fall unter Anleitung fortschrittlicher und gerechtigkeitsbeseelter Priester oder Bischöfe, die für ihren Mut dann auch noch von den Kirchenoberen im Vatikan abgekanzelt wurden.

In ihrer Gedankenwelt hat der neue Papst also schon verloren, bevor er sein Amt antritt.

Nicht unbedingt. Mit seiner theologisch-historischen Jesus-Biografie hat Benedikt XVI. dem nächsten Papst bereits den Weg gewiesen. Jesus Christus verkörpert die Botschaft der Liebe, nicht der Macht. Jetzt könnten Sie mir entgegnen, lieber Marc Walder, dass die Liebe doch die größte Macht sein könnte. Stimmt – wenn man nur wirklich an sie glaubt!

»Schweizer Illustrierte«, 11. März 2013

Frank A. Meyer
Papst Franziskus und der Marktgott

Weiß Gott, der Papst hat sich etwas gedacht, als er in seinem Lehrschreiben »Evangelii Gaudium« verkündete: »Diese Wirtschaft tötet.« Es ist ein absoluter Satz. Wahrhaft päpstlich. Und nicht die einzige Formulierung mit der Kraft eines Bannstrahls. Weitere anklagende Worte des Franziskus seien hier zitiert: »Die Anbetung des antiken goldenen Kalbs hat eine neue und erbarmungslose Form gefunden im Fetischismus des Geldes und in der Diktatur einer Wirtschaft ohne Gesicht und ohne ein wirklich menschliches Ziel.«

»Wir haben neue Götzen geschaffen.« »Es entsteht eine neue, unsichtbare, manchmal virtuelle Tyrannei, die einseitig und unerbittlich ihre Gesetze und ihre Regeln aufzwingt.« »In diesem System, das dazu neigt, alles aufzusaugen, um den Nutzen zu steigern, ist alles Schwache (…) wehrlos gegenüber den Interessen des vergöttlichten Marktes, die zur absoluten Regel werden.« Die Exkommunikation des Marktradikalismus durch den Vatikan erfolgt unmissverständlich, ungehalten, unerbittlich.

Der Zorn Gottes wird auf die Lehre der neoliberalen Apostel Friedrich August von Hayek, Milton Friedman, Ludwig von Mises herabbeschworen – und auf deren Gott, den Markt. Doch was heißt da »Lehre«? Diese Ökonomen sind Begründer einer Religion. Franziskus verdammt die Folgen ihres unchristlichen Glaubens, wenn er sagt: »Diese Wirtschaft tötet.« Der Bischof von Rom lässt keinen Zweifel daran, dass seine Bannbulle sich gegen einen Götzendienst richtet: »Tyrannei eines vergötterten Marktes« nennt er die herrschenden kapitalistischen Verhältnisse.

Und wie reagieren die Leib- und Liebediener eben jenes unfehlbaren Marktes? »Der Papst irrt«, erklärt Marc Beise mit kühnem Gestus in der »Süddeutschen Zeitung«. In der »Frankfurter Allgemeinen Sonntagszeitung« zeiht Rainer Hank den katholischen Oberhirten erbittert der »spätmarxistischen« Theologie. Verständlich, dass jetzt in den Wirtschaftsredaktionen der Teufel los ist. Hat man doch über Jahre und Jahrzehnte die Segnungen des Marktes gepredigt, hat man doch Tag für Tag der unsichtbaren Hand des Marktes gehuldigt, hat man doch das Heil beschworen für und für, das anbrechen werde von Ewigkeit zu Ewigkeit, wenn dereinst den Geboten des Marktgottes Genüge getan werde. Und nun dies: Ein Antikapitalist auf dem Stuhle Petri!

So jedenfalls belieben die Wortführer der Marktgläubigen zu behaupten. In der »Welt« unterschiebt die stellvertretende Chefredakteurin Andrea Seibel dem Papst die Sentenz: »Kapitalismus tötet«, als Zitat wohlgemerkt, in Anführungszeichen. Und Seibel rüffelt den Papst: »Franziskus hätte den Satz besser nicht gesagt.« Er hat den Satz auch nicht gesagt. Im päpstlichen »Evangelii Gaudium« ist die Passage nicht zu finden. Dort lautet die Formulierung: »Diese Wirtschaft tötet.« Mit dem Satz meint der Papst ausdrücklich den Marktradikalismus – nicht etwa den Kapitalismus als Ganzes. Auch dies sagt der Papst: »Eine Finanzreform, welche die Ethik nicht ignoriert, würde einen energischen Wechsel der Grundeinstellung der politischen Führungskräfte erfordern, die ich aufrufe, diese Herausforderung mit Entschiedenheit und Weitblick anzunehmen.«

Finanzreform! Fordert so etwas ein Antikapitalist? Nein, so etwas fordert ein Reformer. Ein Kapitalismus-Reformer. Franziskus hat nichts gegen den Kapitalismus. Doch diagnostiziert er »ein in den Strukturen einer Gesellschaft eingenistetes Böses«, »ein Potenzial der Auflösung und des Todes«. Deshalb seien die kapitalistischen Strukturen zu ändern – ohne den Kapitalismus abzuschaffen. Von seinen Vorgängern unterscheidet sich Franziskus darin allerdings grundsätzlich. Sie drückten ihr Unbehagen am Kapitalismus bestenfalls in Appellen aus: Die Menschen müssten sich betend bessern, die wirtschaftlichen Strukturen dagegen unangetastet bleiben.

Der Argentinier Franziskus hat in der Auseinandersetzung mit der südamerikanischen Befreiungstheologie gelernt, dass sich Ausbeutung und Armut, Entfremdung und Elend nicht durch einen Exorzismus der »Gier nach Macht und Besitz« beseitigen lassen. Sondern nur durch die Veränderung des ökonomischen Unterbaus. Per Gesetz. Ist der Papst deshalb inkompetent? Die »Frankfurter Allgemeine Zeitung« hält seine Thesen für »kaum haltbar«. Etwas anderes war von diesem »Osservatore Romano« des bundesdeutschen Finanz-Vatikans auch gar nicht zu erwarten. Die neoliberalen Kleriker kämpfen mit allen Mitteln um ihre Deutungshoheit: Sie allein wissen, was Kapitalismus ist – und niemand sonst. Sie allein wissen, was Liberalismus ist – und niemand sonst. Schon gar nicht ein Argentinier in Rom.

Das aber ist gerade das Problem von Kapitalismus und Liberalismus: Ihre Prinzipien werden durch einen Pulk von Politikern, Publizisten und Professoren bis zur Perversion verengt. Alles sei Markt – Markt! Markt! Markt! Wer das einfältige Dogma zu durchbrechen sucht, ist Häretiker. Und sei es der Papst. In Wahrheit ist Kapitalismus ein segensreicher Teil der Demokratie, die ja unteilbare Freiheit voraussetzt: Denn freies Wirken als Bürger umfasst auch freies Wirken als autonomes Wirtschaftssubjekt, mit eigenem Besitz, mit eigenen materiellen Mitteln, immer eingebunden allerdings in eine gesellschaftliche Verantwortung, also nicht außer- oder gar oberhalb der Demokratie, vielmehr der Gestaltung durch die demokratische Politik unterworfen.

Ähnlich umfassend wäre die Kultur des echten Liberalismus zu verstehen, die als Gesellschaftsentwurf – und eben nicht allein als Wirtschaftsentwurf! – stets auch soziale Solidarität bedeutet. Wie sagt es der Papst? »Das Geld muss dienen und nicht regieren!« Der Marktradikalismus dagegen erniedrigt den Menschen zum »homo oeconomicus«, zu »human resources«, zum Rohstoff Mensch: zum Rohstoffmenschen – zum Objekt von Markt und Wirtschaftsmacht. »Evangelii Gaudium« verurteilt diese »Degradierung der Person« mit den Worten: »Der Mensch an sich wird wie ein Konsumgut betrachtet, das man gebrauchen und dann wegwerfen kann.« Der Bischof von Rom predigt damit gegen die brutale Dogmatik des herrschenden Markt-Mystizismus an, wonach der Mensch sich in einem nie endenden Überlebenskampf zu bewähren und durchzusetzen habe – schafft er das nicht, wird er als Sozialmüll entsorgt. Ja, er verliert sogar, nach der bigotten Interpretation von Hayek, das Anrecht, ein wahl- und stimm-fähiger Bürger zu sein.

Der Neoliberalismus spielt dabei unverfroren mit faschis-toiden Kategorien: das Leben als Kampf, als Krieg, als Wirt-schaftskrieg; Ausmerzen alles Unterlegenen, alles ökonomisch Besiegten; Verachtung alles Schwachen; Anbetung alles Star-ken; Degradierung der Demokratie zum »Fetisch«; Hass auf den bürgerlichen Staat; Usurpation von Staatsmacht durch Wirtschaftsmacht; Herrschaft über ökonomische Imperien; schließlich Neofeudalismus statt Bürgergleichheit. Franziskus weiß, wovon er spricht. Er zitiert sogar die marktradikale

Trickle-down-Theorie, derzufolge vom Tisch der Reichen stets etwas hinabtropfe zum Segen derer ganz unten: »Diese Ansicht, die nie von den Fakten bestätigt wurde, drückt ein undifferenziertes, naives Vertrauen auf die Güte derer aus, die die wirtschaftliche Macht in den Händen halten, wie auch auf die vergötterten Mechanismen des herrschenden Wirtschaftssystems.«

Dem Stellvertreter in Rom geht es um die Glaubensfrage dieser Zeit: Welchen Kapitalismus wollen wir? Die Fratze? Oder das menschliche Antlitz?

»Cicero«, 17. Februar 2014

Guter Journalismus steht immer irgendwie links
Über Verleger, Redakteure und ihre Leser

Jakob Augstein: Gehören Sie auch zu den Leuten, die glauben, früher sei alles besser gewesen? Es gibt ja viele, die meinen beispielsweise, der Journalismus sei früher besser gewesen.

Frank A. Meyer: Meine Generation hat noch die Parteizeitungen erlebt. Ich gestaltete in den frühen sechziger Jahren für die sozialdemokratische Tageszeitung meiner Heimatstadt Biel, die »Seeländer Volkszeitung«, eine Jugendseite. Dann schrieb ich dort meine erste Kolumne unter dem Titel »Blick zurück ohne Zorn«. Die Zeitung hatte der Partei zu dienen, die ihre Anliegen gedruckt sehen wollte. Ein ganz natürlicher Wunsch, dem auch die freisinnigen und die christlich-demokratischen Blätter unterworfen waren, von den kommunistischen gar nicht zu reden. Die Demokratie braucht Parteien, und die Parteien brauchten bis Mitte des letzten Jahrhunderts ihre eigenen Medien. Da kann man sicher nicht sagen, der Journalismus sei früher besser gewesen. Heute würde ich mir manchmal eine Parteizeitung wünschen, eine so richtig ideologische und kämpferische. Leider ergibt die Mischung aus Partei und Medium keinen guten Journalismus. Parteien ersticken guten Journalismus. Sie bringen Funktionärsjournalismus hervor. Nein, der Journalismus ist nicht schlechter als früher, ganz im Gegenteil: Noch nie vorher hatte der Bürger so vielfältige und so exzellente Möglichkeiten, sich durch guten Journalismus zu informieren. Doch muss er sich auch informieren wollen! Lesen ist Arbeit. Denkarbeit. Und Denkarbeit ist Bürgerarbeit. Mich deprimieren die vielen Bürger, die nichts wirklich wissen wollen, weil sie denkfaul sind, die sich aber gleichzeitig über die politischen und gesellschaftlichen Verhältnisse bitterlich beschweren. Zu den Faulen gehören auch viele Linke und Intellektuelle, die für sich in Anspruch nehmen, den Lauf der Dinge zu interpretieren und zu ändern. Der Journalismus ist nicht verantwortlich zu machen für unsere seichter gewordene politische Kultur. Der Politikbetrieb übrigens auch nicht. Publizistik und Politik erfüllen in Demokratien wie Deutschland oder der Schweiz ihre Aufgabe immer noch gut. Publizistische und politische Qualität ist jeden Tag zu finden – wenn man sich interessiert. Das Bürgersein in der Demokratie ist – ich wiederhole mich – ein Nebenjob. Ja, es ist anstrengend, Bürger zu sein. Aber es ist auch befreiend, wenn man sich ins Bild setzt und weiß, worum es in der Gesellschaft geht. Man muss die Leute, die denken, in die Wirklichkeit zwingen.

Was ist denn eigentlich guter Journalismus?

Erstens fängt Journalismus damit an, dass jemand gut schreibt. Ein guter Journalist gibt Sprache: Der Leser erhält Sprache – Wörter und Sätze zur Wirklichkeit. Er kann über Ereignisse und Entwicklungen reden, weil die Zeitung, aber auch andere Medien, Sprache vermitteln. Das ist die große Leistung von gutem Journalismus. Um Sprache zu geben, muss ein Journalist über Sprachgefühl verfügen. Junge Leute, die Gedichte oder Prosatexte schreiben und Journalisten werden wollen, verfügen über die Kernkompetenz unseres Berufes. Zweitens muss der gute Journalist die Vibrationen der Gesellschaft spüren. Er muss sich einfühlen in diese Gesellschaft, er muss mitleiden können, mitlachen können, er muss sich auch empören können. Daraus ergibt sich drittens eine Haltung. Man kann das auch den Standort nennen, von dem aus der Journalist die Welt betrachtet – eine journalistische Identität. Damit meine ich keine Ideologie. Ideologien sind hermetische Denkgebäude, in denen man sich nach den Regeln einer Dogmatik bewegt. Ich meine einen freien Willen: Der gute Journalist muss etwas wollen. So ist der Journalismus ja auch entstanden. Die ersten Blätter waren Kampfblätter. Wir brauchen heute keine Kampfblätter mehr, aber Blätter mit einem kämpferischen Geist. Daraus folgt viertens die journalistische Kultur, andere Einstellungen der Denkmühe wert zu finden, neugierig darauf zu sein, die Lust, das Andere, das Neue oder Neuentdeckte darzustellen – natürlich auch zu kritisieren. Dabei soll der Leser, Hörer oder Zuschauer wissen, wo der Journalist, wo das Medium steht. Das macht den Bürger frei.

Wie halten Sie es dann mit dem Wort von Hanns Joachim Friedrichs: »Einen guten Journalisten erkennt man daran, dass er sich nicht gemein macht mit einer Sache, auch nicht mit einer guten Sache; dass er überall dabei ist, aber nirgendwo dazugehört«?

Es gibt gute Journalisten, die nach dieser Maxime handeln. Aber es gibt auch gute Journalisten, die für sich anders entschieden haben. Ich mache mich gern mit einer guten Sache gemein, am liebsten dann, wenn die Kollegen sich der Sache nicht widmen, ich also ziemlich allein bin.

Ja, das stimmt. Man muss auch nicht jede Unterschriftenliste gegenzeichnen, die einem zugeschickt wird.

Ich war zum Beispiel viele Jahre ziemlich einsam mit meiner Kritik am Bankgeheimnis – und an der Einschwörung der ganzen Schweiz auf die Finanzwirtschaft. Heute überbieten sich die Journalisten mit bösen Artikeln über Banken und Banker. Die Kritik, die noch vor dem Bankencrash ein Sakrileg war, ist Mode geworden. Aber ich komme noch einmal auf die Aussage von Hanns Joachim Friedrichs zurück. Meiner Meinung nach gibt es ganz unterschiedliche Formen des guten Journalismus: den guten Pamphletisten, den guten Militanten, den guten Investigativen, den guten Reporter, den guten Nachrichtenmann, den guten Analytiker, den guten Interviewer. Wenn ein Journalist über eine Parlamentsdebatte oder einen Parteitag schreibt, habe ich formal einen Bericht vor mir, aber wenn der Journalist gut ist, bekomme ich fast schon eine Analyse – geschrieben in einer Tonalität, die mir jede Freiheit der Meinungsbildung lässt, die aber auch zeigt, wo der Autor selbst steht. Gute Berichterstatter sind Künstler des Journalismus.

Gibt es denn heute noch gute Journalisten, die etwas wollen? Und in einer solchen Tonalität schreiben?

Ja, die gibt es. Manche Auslandkorrespondenten der »Neuen Zürcher Zeitung« sind Beispiele dafür, oder Günter Bannas von der »Frankfurter Allgemeinen Zeitung«. Das Erklären gehört ja zu den wichtigsten Aufgaben des Journalisten. Aber man kann es damit auch übertreiben. Ich habe den Eindruck, manche Kollegen nutzen das Erklären dazu, dem Leser nicht nur zu vermitteln, was ist und warum es ist – sondern auch, dass es gar nicht anders sein kann.

Als ich jünger war, haben wir im Kollegenkreis oft die Frage diskutiert, weshalb wir Journalisten geworden sind. Ein Freund von

mir hat damals als Motiv genannt, »um andere Leute zu ärgern«.
Das finde ich zwar als Triebfeder des Lebens nicht besonders nach-
ahmenswert, aber als Triebfeder für guten Journalismus durchaus
sympathisch. Wenn sich ein Journalist vornimmt, anderen Leuten
einen Gefallen zu tun, scheint er mir fehl am Platz. Ich kann gut
verstehen, dass gute Journalisten oft unangenehme Menschen sind.
Und gute Redaktionen sind oft Redaktionen, in denen man selbst
nicht arbeiten will.

In Ihrem Fall kann ich sagen: Sie sind kein unangenehmer
Mensch und trotzdem ein guter Journalist.

Sie sind auch kein unangenehmer Mensch, aber ebenso wenig ein
Journalist.

So?

Sie sind Aphoristiker und Essayist. Oder ein Schriftsteller, der
keine dicken Bücher geschrieben hat. Wo sehen Sie sich selbst?

Ich bin Kolumnist. Früher war ich auch Porträtist, was sich
heute in meinen Analysen niederschlägt, wenn ich Akteure aus
Politik und Wirtschaft skizziere. Ich lege meine Kolumnen oft
wie eine Lupe auf eine scheinbar kleine Sache und vergrößere
sie dadurch. Der Leser sieht dann, worum es wirklich geht.
Wie beispielsweise eine Entscheidung der Luzerner Kantons-
regierung, die beschloss, Berufsschulen und Gymnasien für
jeweils zwei Wochen im Jahr zu schließen. Dank des einge-
sparten Geldes sollten Steuern gesenkt werden, und zwar mit
dem Ziel, neue Unternehmen anzusiedeln.

Und warum? Was bringt das?

Schulschließungen in der reichen Schweiz! In einem der
reichsten Länder der Erde! Das müssen Sie sich einmal vorstel-

len! Mein Credo lautet: Ich kläre mit meiner Arbeit auf. Das ist mir das Wichtigste: Dass man als Journalist Dinge klärt, Begriffe klärt, Denken klärt. Wenn jemand etwas gesagt oder entschieden hat, frage ich: Was bedeutet das eigentlich? Das ist die Arbeit meiner Kolumnen. Nehmen wir ein Beispiel, den Mindestlohn. Was ist eigentlich der Mindestlohn? Ist das eine ökonomische Frage? Nein, das ist keine ökonomische Frage. Das wäre reiner Zynismus. Es geht vielmehr um den Wert des Menschen. Soll er von seiner Arbeit leben dürfen? Mindestlohn ist keine Marktfrage, sondern eine Moralfrage. Das auf den Punkt zu bringen, ist meine Arbeit.

Ich weiß, was ich nicht kann. Ich kann ganz viele Dinge nicht. Aber ich kann eine Kolumne in einer glasklaren Sprache schreiben. Ein Text ist hell, wenn man ihn versteht. Nur wer verständlich schreibt, kann etwas verändern.

Müssen Sie sich manchmal gegen den Sog der Sprache wehren?

Ja, ich will mich nicht im Komponieren des Textes verlieren. Die Form muss dem Inhalt folgen.

Man wird leicht weggetragen.

Ich habe eine Platzbeschränkung – das hilft enorm. Ich glaube, Journalisten schreiben am besten, wenn sie sich an einen engen Rahmen halten müssen.

Glauben Sie wirklich, dass das eine Frage des Platzes ist? Gerade der Zwang zur Kürze kann etwas sehr Gefährliches haben. Die Verdichtung bringt oft eine große Härte mit sich.

Genau darüber rede ich mit meinem Textmanager Klaus Lange, nachdem ich ihm meinen Text durchgeklickt habe. »Das ist zu hart«, sagt er dann, oder: »Das ist zu apodiktisch«, und ich sage: »Das will ich so hart oder noch härter«. Ich arbeite mit Rhythmus und Melodie, manchmal Allegro, manchmal Moderato, manchmal Largo. Die Tempi müssen den Inhalt tragen und verdeutlichen.

Waren Sie eigentlich einmal Chefredakteur?
Nein.

Warum nicht?
Weil ich das nicht kann. Ich bekam einmal das Angebot, Chefredakteur der Schweizer Wochenzeitung »Weltwoche« zu werden. Ich habe Nein gesagt. Das hätte meine persönliche und journalistische Unabhängigkeit beschnitten. Meine Unabhängigkeit als Kolumnist ist die Unabhängigkeit eines Rennbootes, während die Unabhängigkeit einer Redaktion der Unabhängigkeit eines Tankers ähnelt: Sie merken erst nach zwanzig Kilometern, dass sie die Richtung geändert haben. Das geht mit mir nicht. Ich habe ein starkes Bedürfnis nach Selbstbestimmung.

Ich wollte nie viele Leute führen. Ich wollte eigentlich überhaupt keine Leute führen. Jeder Mitarbeiter, den man führt, nimmt etwas von der persönlichen Unabhängigkeit.

Es gibt einen Zusammenhang mit meinem Verhältnis zur Autorität. Der Schriftsteller und Psychoanalytiker Walter Vogt – der einzige Analytiker, bei dem ich je gewesen bin – hat mir einmal gesagt: »Sie sind autoritär, deshalb ertragen Sie keine hierarchische Autorität. Sie akzeptieren Autorität nur, wenn sie auf einer Leistung beruht.« So ist es mir schon beim Militärdienst gegangen. Ich ertrug es nicht, dass morgens um fünf einer kam und schrie: »Tagwache, auf! Vors Bett treten!« Da habe ich mir gesagt: »Das lasse ich mir nicht gefallen.« Fortan habe ich mich eine halbe Stunde vorher geweckt und ging in den Duschraum, wo sich an der Decke Dutzende Duschen befanden. Es gab nur kaltes Wasser. Ich drehte die Duschen auf und trabte unter ihrem Strahl durch den Raum. Danach ging ich zurück ins Bett, bis der Weckbefehl erschallte.

Aber der Therapeut hat auch gesagt, dass Sie autoritär sind.

Einerseits bin ich es selbst, andererseits verfüge ich über eine große Sensibilität für Autoritäten, deren Können oder Wissen ich bewundern kann. Das Anerkennen anderer Menschen fällt mir leicht. Doch ich habe irgendwann beschlossen, ganz ich zu sein – ohne Fremdbestimmung.

Politiker wollten Sie nie sein?

Ich war es. Ich wollte die Erfahrung machen. Aber ich wollte es nicht bleiben, weil ich nur als Journalist unabhängig bleiben konnte. Ich kann meine eigenen Überzeugungen nicht verbiegen und anpassen. In der Politik müssen Sie das allzu oft. Ich brauche meinen Standort, meine Haltung. Als Politiker erleben Sie viel Fremdbestimmung. Das widerspricht meinem Grundbedürfnis nach Autonomie. Ich wollte schreiben, politisch sein, aber nicht Politiker sein.

Wo ist denn Ihr Standort?

Ich halte mich für einen radikalen Liberalen – das ist eine linksbürgerliche Position. Überhaupt ist Bürger sein etwas ganz Radikales – darum geht's ja: Die Integration der arbeitenden Bevölkerung in die bürgerliche Gesellschaft. Und die Veränderung der bürgerlichen Gesellschaft durch diese Integration. So habe ich das immer verstanden. Deshalb muss man auch mal eine radikale Position einnehmen, radikal denken, mit dem Denken an die Wurzeln gehen. Gegen das Wort »radikal« ist nichts einzuwenden – ein schönes bürgerliches, ein revolutionäres Wort.

Wir haben doch in Deutschland gar keine liberale Partei.
Ich rede von der liberalen Haltung.

Braucht ein Verlag einen Standort, eine Position? Schauen Sie sich ein Haus wie Burda an – es verdient viel Geld auf Feldern, die wenig mit Journalismus zu tun haben. Oder Springer: Der Verlag hat sich unlängst von Teilen seines Kerngeschäftes getrennt. Oder der Bertelsmann-Konzern, der heute nicht nur mit Inhalten, sondern auch mit Medien-Dienstleistungen Geld verdient. Müssen solche Häuser eine verlegerische Identität haben?

Verleger sind ganz wichtig! Das große Problem beim Verlag Gruner + Jahr könnte sein, dass eine Verleger-Persönlichkeit fehlt. Der Verleger ist eine Art beseelte Gegenfigur zu den Journalisten. Er ist jemand, an dem man sich reibt, die Redakteure genauso wie die Leser. Das Problem ist, dass Journalisten heute in vielen Verlagen kein Pendant mehr haben, das verlegerisch denkt, sondern sie stehen Technokraten gegenüber. Journalisten brauchen aber ein Pendant, sie brauchen die Idee eines Verlegers, an der sie sich reiben. Sie selbst haben Ihren Vater vor Augen: Er hat den »Spiegel« entscheidend geprägt. Und selbst in seiner letzten Lebensphase, als er sich nicht mehr viel eingemischt hat, zeigte er Wirkung, denn er war da. Er war einfach da. Oder nehmen Sie Gerd Bucerius, ohne den die »Zeit« nicht das geworden wäre, was sie heute ist. Es braucht Verlegerfiguren. Michael Ringier sagt immer: »Zeitungen werden schlecht, wenn man nicht etwas will.«

Axel Springer wollte immer viel. Trotzdem ist die »Welt« keine gute Zeitung.

Mathias Döpfner ist ein hochintelligenter Journalist. Er leitet ein Medienhaus, dessen konservative Haltung seit je zur Verlagskultur gehört.

Es genügt nicht, irgendetwas zu wollen. Es kommt schon darauf an, was man will. Dem Journalismus wohnt sozusagen ein Gesetz inne: Wer Schweinereien will, macht keinen guten Journalismus. Oder umgekehrt gesagt: Man kann keinen guten Journalismus machen und gleichzeitig Schweinereien wollen, denn der gute Journalismus ist im Kern ein aufklärerisches Geschäft.

Der gute Journalismus steht immer links. Auch der gute bürgerliche Journalist wird von Etablierten und Mächtigen rasch einmal als Linker wahrgenommen. Denn auch er orientiert sich an der gesellschaftlichen Bewegung. Wer gesellschaftlich dort verharren will, wo er selbst steht, dem gilt Bewegung als links.

Und der gute Journalist kann nie reaktionär sein!

Nein. Aus diesem Grund gibt es kaum Rechtsintellektuelle. Das kultivierte Denken ist nicht rechts. Allerdings auch nicht einfach links. Je linker es wird, desto mehr schwindet die intellektuelle Qualität. Die äußere Linke argumentiert oft einfach dumm. Zur Tradition der Aufklärung gehört die Pflicht, die Dinge differenziert zu durchdringen, auch wenn dabei das, was als Einsicht resultiert, die eigene Position oder Ideologie infrage stellt.

Es gibt keine Rechtsintellektuellen, aber es gibt konservative Intellektuelle. Ich kenne sehr kluge Konservative.

Ich habe ja auch die Rechten gemeint, nicht die Konservativen. Man kann konservativ sein, ohne reaktionär zu sein.

Absolut. Ich empfinde mich selbst als konservativ.

Sie sind links und konservativ zugleich. In Ihrem Habitus sind Sie eine sehr klassische Figur, eine Figur aus dem achtzehnten Jahrhundert. Ich würde Sie in einem Kostüm sehen, wie man es am Vorabend der Französischen Revolution getragen hat. Aber politisch sind Sie ein Linker. Sie haben ein aufklärerisches Buch geschrieben, ein sehr kluges. Doch Sie gehören zu den Intellektuellen, die über Kapital verfügen und die ihr Kapital nicht einfach um des Kapitals willen vermehren, zum Beispiel durch spekulative Geschäfte. Sie setzen es ein in der Überzeugung: »So kann es gesellschaftlich nicht weitergehen!« Sie haben eine Zeitung gekauft und erfüllen sie mit einem aufklärerischen Geist.

Nicht die Konservativen, sondern die Linken sind die Landschaftsgärtner des Systems. Die linke Bewegung hat dem System immer wieder Debatten zugemutet, es reformiert und auf die Höhe der Zeit gebracht. Dank der Linken hat das System Bestand, bis heute. Sie sind auch so ein Landschaftsgärtner, ein Konservativer – und das Gegenteil eines Reaktionärs.

Sind Journalisten eigentlich mächtig? Gibt es mächtige Journalisten?

Sicher.

Nennen Sie mir einen.

Einflussreiche.

Wer denn?

In Deutschland ist die Neue Ostpolitik wesentlich von Journa-
listen vorbereitet worden, von Henri Nannen beim »Stern«,
von Rudolf Augstein beim »Spiegel« und von Marion Gräfin
Dönhoff bei der »Zeit«. Das waren eine Journalistin und zwei
Journalisten mit wirklich großem Einfluss. Ihr Vater war jahrzehntelang der mächtigste Journalist in Deutschland. Rudolf
Augstein war das Messer und der »Spiegel« die Scheide. Ich bin
davon überzeugt, dass er einen Bundeskanzler Franz-Josef
Strauß verhindert hat. Umso mehr ärgere ich mich über die
Leute, die den »Spiegel« heute machen. Der »Spiegel« ist so
beliebig geworden.

*Sie sind doch einer, der meint, früher war alles besser. Wenigstens
der »Spiegel«! Ich finde nicht, dass der »Spiegel« beliebig ist.
Eine sonderbare Vokabel. Was wäre das Gegenteil? »Zwingend«?
War der »Spiegel« in den siebziger Jahren weniger beliebig als
heute?*

Er ist beliebiger geworden. Zeitgeistiger. Aber er ist immer
noch das bestgemachte Boulevardmagazin der Welt. Ich bin
mit dem »Spiegel« groß geworden. Er gehört zu meinem
Leben. Er ist mein Freund. Jede Woche.

*Ich weiß, wie Sie das Wort Boulevard meinen und ich würde es
auch so benutzen. Aber viele Kollegen beim »Spiegel« würden auf-
heulen, wenn sie gesagt bekämen, dass sie ein Boulevardmagazin
machen.*

Die Art, wie der »Spiegel« Geschichten erzählt, ist eine Art von
Märchenerzählung – mit dem Unterschied, dass in der Regel
die Wahrheit geschrieben wird, wenn auch nicht immer detail-
getreu, so doch nahe dran. Im Grunde pflegt der »Spiegel« ei-

nen Stil wie der Historiker Golo Mann: Die Fakten werden lebendig, weil sie als Geschichten nach dem Motto »So könnte es gewesen sein« erzählt werden.

Die Zeit der großen journalistischen Persönlichkeiten ist vorbei. Rudolf Augstein war eine. Oder Theo Sommer. Oder Klaus Harpprecht. Die waren nicht beliebig. Die hätten nicht, wie Günter Jauch, mal eine Quizsendung, mal eine politische Gesprächssendung gemacht. Der Gamemaster ist zugleich Talkmaster. Oder Frank Plasberg, der Schullehrer Deutschlands. Auch er macht eine Quizsendung.

Das ist für mich so signifikant, was da geschieht. Diese Herabwürdigung des Denkens. Die Menschen merken, dass ihr Denken zum Spiel gemacht wird. Die Journalisten behaupten: »Die Zuschauer wollen das.« Das stimmt aber nicht. Die Zuschauer, auch die Leser sind vielleicht uninformiert, aber sie sind nicht dumm. Die Leute merken auch, wenn wir die Medien entleeren. Wenn Journalismus ein Game wird. Der Gamemaster wird Talkmaster.

Große journalistische Persönlichkeiten gibt es schon noch. Marcel Reich-Ranicki war eine, Frank Schirrmacher ist sicher eine. Journalisten überschätzen aber zu oft ihren Einfluss. Ich scheue mich, da von Macht zu reden.

Doch, sie haben Macht. Sie negieren sie nur, weil sie nicht wollen, dass diese Macht diskutiert wird. Warum sollen alle anderen, die Politiker, die Wirtschaftsmanager, die Richter, Macht haben, aber ausgerechnet die Journalisten nicht? Journalisten machen ihre Macht nicht gern zum Thema aus Angst, diese Macht werde infrage gestellt. Sie attackieren gern andere, schauen aber indigniert weg, wenn sie selbst attackiert werden. Ich bin für eine Auseinandersetzung zwischen Journalisten.

Ich provoziere diese Auseinandersetzung auch: In meinen Kolumnen zitiere ich immer wieder Kollegen und setze mich mit ihren Überzeugungen auseinander. Die Reaktion ist leider meistens nicht sachlich, sondern persönlich. Journalisten arbeiten virtuos mit Mitteln der Kritik. Ihre eigene Kritikfähigkeit ist leider nicht besonders ausgeprägt.

Ich glaube nicht an die Macht der Journalisten. Man schreibt in einem Akt der fortgesetzten Unvernunft. Ich schreibe manchmal über die Dinge in einer Weise, wie ich sie gern hätte, nicht unbedingt, wie sie sind. Aber ich würde dieses journalistische Konzept nicht zur Nachahmung empfehlen.

Weil Sie so schreiben, wie Sie schreiben, liest man Sie. Das sind Sie, der das schreibt, und niemand anderes! Einig bin ich mit Ihnen in der Skepsis über die Wirkung unseres Schreibens. Ich schreibe auch nicht in der Annahme: »Das lesen jetzt viele Leute und deshalb hat es eine Wirkung.« Ich schreibe, weil ich nicht anders kann. Erstens kann ich nichts anderes als schreiben und zweitens kann ich nicht anders.

Reden wir nicht von Macht, sondern lieber von Wirkung. Von Ihrer Arbeit als Publizist geht in der Schweiz eine Wirkung aus. Mit Ihren Kolumnen haben Sie auf das politische und gesellschaftliche System der Schweiz Einfluss genommen. Vielleicht war das möglich, weil das System der Schweiz kleiner ist als das in Deutschland, oder weil Sie in einem großen Verlag zeitweise eine hierarchische Funktion innehatten. An Ihrem Beispiel kann man schon die – wie ich finde – spannende Frage stellen, wo eigentlich die Grenzlinie zwischen dem Journalisten und dem Aktivisten verläuft. Sie wirkten fast wie ein Aktivist. Heute gibt es eine neue Form von Aktivismus: Der amerikanische Journalist

Glenn Greenwald hat mit seinen Artikeln über Edward Snowden die Grenze vom Journalismus zum Aktivismus überschritten. Vor einem solchen Schritt würde ich selbst immer zurückschrecken.

Warum sagen Sie »überschritten«? Sagen Sie doch einfach …

… erweitert.

Ja. Es ist nur eine andere Form der journalistischen Arbeit. Zum Handwerk des Journalisten gehören Denken und Schreiben. Zugleich ist dieses Schreiben ein Handeln. Sartre hat sinngemäß gesagt: Wer schreibt, trägt Verantwortung, weil er handelt, indem er schreibt.

Ich könnte mir vorstellen, dass die Grenze zwischen Journalismus und Aktivismus durch den Strukturwandel der Medienindustrie fließend wird. Früher gab es das Idealbild des Journalisten, der sich aus den Sachverhalten, über die er schrieb, heraushielt. Es könnte aber so kommen, dass Journalisten selbst zu Meinungsmarken werden müssen, zu Marken für einen bestimmten Standpunkt, und damit zu Aktivisten für eine Sache. Früher war das nicht möglich. Journalisten, die bei einer Zeitung angestellt waren, konnten keine Aktivisten sein. Aber das Internet bringt es mit sich, dass sie im Netz sozusagen ihr eigenes Produkt sind. Ich weiß nicht, ob ich das gut oder schlecht finden soll. Vielleicht ist es gut.

Ich glaube, die Rede von der Distanz ist auch ein journalistischer Selbstbetrug. Wenn Sie mal in den Wirtschaftsteilen der Zeitungen blättern, dann stoßen sie auf allerlei Formen der Parteilichkeit. Im Grunde waren Zeitungen doch schon immer parteilich. Angefangen von denen der Französischen Revolution – reiner Aktivismus. Sogar die Enzyklopädie ist aus einer aktivistischen Haltung heraus entstanden. Ihre Sprengkraft war gewollt. Die bürgerliche Gesellschaft hatte immer ihre Parteizeitungen. Man war an der Macht oder man wollte an die Macht, und dazu brauchte man die Medien. In Deutschland gab es 1945 einen Bruch, aber in der Schweiz gab es Parteizeitungen bis in die Siebzigerjahre. Parteilichkeit ist doch auch gar nicht schlecht. Nehmen Sie Ihre Zeitung, die ist nicht aktivistisch im engeren Sinne, aber ich weiß, dieses Blatt bietet mir einen linken Denkansatz. Deshalb kaufe ich sie.

Ja, vermutlich haben Sie recht: Der Journalismus ist eigentlich aus dem Aktivismus entstanden. In Wahrheit war auch jeder ehrliche Journalist immer ein Aktivist, aber es gab zwischendurch – und das gibt es immer noch – so eine merkwürdige, unaufrichtige »Mach mich nicht nass«-Haltung, wenn die Leute so tun, als könnten sie sich heraushalten, als hätten sie keine Verantwortung.

Das ist so eine »monsieurhafte« Selbststilisierung, eine Attitüde, die mir zuwider ist. Man muss sich auch als Teil des gesellschaftlichen Ganzen betrachten. Die Schreibtischsituation ist ja relativ bequem, sie hat aber auch wirkliche Vorteile. Ich halte es zum Beispiel für vollkommen falsch, wenn man mir sagt: »Auf den Leser musst du schauen«. Ich kann nicht auf den Leser schauen; ich weiß nicht, was in seinem Kopf vorgeht. Vor zwanzig Jahren fühlte sich ein Kollege bemüßigt, mir zu erklären, wie man Journalismus für den Leser macht. Wir standen in seinem Büro, und er sagte zu mir: »Kommen Sie mal ans Fenster.« Draußen ging eine Frau mit einer Einkaufstasche vorbei. Er fragte mich: »Sehen Sie die Dame mit der Tasche? Als Journalist müssen Sie wissen, was die Frau in der Tasche trägt.« Ich antwortete mit der Gegenfrage: »Ja, wissen Sie's denn?« Er erwiderte: »Nein, natürlich nicht.« Und ich antwortete: »Ja, eben. Wir wissen nicht, was die Leute in ihren Taschen tragen.« Wir wissen es auch nicht, wenn wir Umfragen von Forsa lesen. Darum sage ich mir: Ich muss das gar nicht wissen. Ich muss selbst Teil der Gesellschaft sein. Ich muss den anderen nicht simulieren, nicht er oder sie sein, ich muss ich sein. Und ich muss mit meiner Kompetenz im Denken und im Formulieren, was ja das Gleiche ist, schreiben, was ich für richtig halte oder was ich beobachtet oder was ich erlebt habe. Nach so vielen Jahren als Journalist frage ich mich gar nicht mehr, was meine Einstellung ist, sondern wie ich etwas formulieren soll. Das ist meine Freude. Ich konzentriere mich heute stark auf die Form, auf die Komposition. Und dabei frage ich mich dann beispielsweise, wie ich etwas so zwingend mache, dass jemand sagt: »Das überzeugt mich.«

Ich glaube schon, dass man an den Leser denken muss. Ich habe nämlich – wie im Fall Christian Wulff – Situationen erlebt, wo ich mit den meisten anderen Kollegen einer bestimmten Meinung war und dann verblüfft feststellen musste, dass die Leser (sehr, sehr viele Leser) die Situation und auch die Rolle der Journalisten ganz, ganz anders betrachtet haben. Das fand ich sehr bedenklich.

Für mich war früher der große amerikanische Reporter Gay Talese eine wichtige Figur, der gesagt hat: »Der perfekte Journalist ist immer ein Fremder.« Damit konnte ich sehr viel anfangen. Talese geht davon aus, dass die Journalisten in der Zeit, in der er sozialisiert wurde, zu einer anderen Klasse gehörten als die Politiker, über die sie schrieben. Dieser Klassenunterschied hat sie in ihrer Arbeit, ihrer journalistischen Funktion unterstützt, weil sich Kritik leichter übt, wenn man zu einer anderen Klasse gehört. Das ist heute offensichtlich nicht mehr der Fall. Inzwischen gehören Journalisten zur selben Klasse wie die Leute, über die sie schreiben. Es kritisiert sich schwieriger, weil man sich künstlich distanzieren muss. Daher kommt das Bedürfnis der Journalisten, zu sagen: »Wir haben mit euch nichts zu tun. Wir halten uns auf Armeslänge von euch fern. Wir verfolgen keine eigenen Interessen, sondern wir dienen einem höheren Interesse.« Und das, wir haben es schon gesagt, ist eine Fiktion. Heute droht mehr denn je die Gefahr, dass die Journalisten in den Strudel der politischen Interessen und der politischen Institutionen hineingezogen werden, dass sie der Faszination der Macht erliegen. Sie brauchen einen starken Charakter oder ein hohes Maß an Eigenartigkeit – darüber verfügen aber nun mal nicht alle Leute. Vor diesem Hintergrund ist es umso wichtiger, dass man an die Leser denkt. Gerade weil die Haltung des Fremden heute so schwer aufrechtzuerhalten ist, bleiben eigentlich nur zwei Möglichkeiten: Entweder ich kümmere mich nur um mich selber als Mensch, als Autor, als Schreiber, als Stilist, als politischer Denker … oder ich denke an den Leser. Alles, was dazwischen ist, sehe ich dann nicht mehr.

Ich glaube, dieses »an den Leser denken« ist total wichtig. Das hat man früher überhaupt nicht gemacht, weil man den Leser als Typus betrachtet hat, der einem mit Leserbriefen auf die Nerven geht. Die hat man dann an die Sekretärin weitergeleitet und gesagt: »Beantworten Sie die oder schmeißen Sie die in den Mülleimer – ist mir egal.« Dann kam aber das Internet, und mit dem Internet, der Community, den Kommentaren kam der Leser zu dem Journalisten in die Stube. Und da kriegen Sie ihn auch nicht mehr heraus – jetzt müssen Sie an den Leser denken. Ich denke gerne an den Leser, und die einzige Gefahr, die dadurch entsteht, ist die der Boulevardisierung. Das ist eine reale Gefahr, denn Sie wissen, wie Sie den Leser mitnehmen können und ihn einfangen. Sie können es ja direkt lesen. Sie sind jetzt ihr eigenes Marktfor-schungsinstitut. Sie können ihre Facebook-Seite checken, die Kommentare, Twitter-Reaktionen. Ich brauche Herrn Güllner mit seinem Forsa-Institut gar nicht, um rauszukriegen, was die Leute gerne lesen. Deshalb muss ich mir immer die Frage stellen: Bediene ich jetzt den Leser oder jemand anderen mit meinem Text? Vielleicht mich selbst? Oder geht das sogar Hand in Hand? Der Leser ist die zentrale Figur.

Ich will den Leser nicht bedienen, weil ich das Wort »dienen«, das darin steckt, nicht mag. Ich will niemandem dienen, auch nicht dem Leser.

Ich schon. Ich bin im Dienstleistungsgeschäft. Ich bin ein Dienst-leister.

Das bin ich nicht. Der Leser ist in erster Linie der Bürger. Aber man kann natürlich sagen: Der Leser ist der bessere Bürger, weil er Leser ist. Wer Zeitungen liest, wer nach guten Texten sucht, wer sich provozieren lässt durch Texte, ist eigentlich der bessere Bürger. »Leser sein« ist eine Qualifikation. Und wenn alle Leser gegen mich sind, kann ich mein Urteil überprüfen, und der Leserbürger oder Bürgerleser kann recht haben – ich kann mich dann korrigieren. Es passiert mir durchaus, dass ich merke: Eigentlich bringen die mich auf eine Spur, auf der ich nicht war; der Leser ist ein Partner und nicht jemand, den ich bedienen will.

Das glaube ich Ihnen nicht.

Ich sage Ihnen jetzt mal, warum ich fundamental anders struk-turiert bin als Sie.

Das glaube ich Ihnen nicht. Ich glaube, Sie sind ganz genau so strukturiert wie ich – Sie wollen es nur nicht zugeben.

Gut. Der Bürger kann recht haben; er ist mein Partner, sobald er sich äußert. Das lese ich natürlich; ich suche ja auch nach dem Lob, der Bestätigung. Insofern haben Sie sogar recht, dass der Leser dann wichtig ist, wenn er mich bestätigt. Wenn er mich nicht bestätigt, neige ich vielleicht dazu, ihn als weniger wichtig zu betrachten – was falsch ist, was aber auch eine sehr menschliche oder journalistisch narzisstische Reaktion ist. Das kennen wir alle. Vielleicht sind Sie ja hier anders strukturiert – Sie wären der Einzige.

Aber worauf es mir ankommt: Der Mensch entsteht dort, wo er Sprache hat. Damit unterscheidet er sich vom Tier. Sein Handeln ist ursprünglich und ursächlich ein Reden. Die Schöpfungsgeschichte ist eine Benennungsgeschichte. Der Mensch benennt Dinge. Wir Journalisten benennen ununterbrochen Dinge. Wir machen Wörter. Nicht nur Worte, sondern Wörter. Wer uns liest, schreibt unsere Sätze im Geist nochmals selbst. Er vollzieht den Prozess des Schreibens nach, allerdings aus einer anderen, distanzierten Perspektive, mit einem andern Bewusstsein – einem Empfangsbewusstsein, das wir nicht kennen. Aber er empfängt uns in seinem Kopf. Er macht Bilder, weil wir beim Schreiben Bilder machen. Bei der Lektüre einer Ihrer Kolumnen wird er vielleicht denken: »Ist der Augstein vollkommen verrückt geworden?« Indem Sie von einer Frau oder einem Mann gelesen werden, sind Sie bereits Gegenstand ihrer oder seiner Wirklichkeit. Das ist wunderbar. Für mich liegt darin der Zauber des Schreibens.

Es gibt genug Kollegen, für die ist das vor allem eine Selbstverzauberung. Es besteht auch die Möglichkeit, dass wir schreiben, weil wir eine starke narzisstische Störung haben und auf diese Weise besonders gesehen, wahrgenommen, bewundert und geliebt werden wollen. Schreiben wäre dann ein billiger Weg, an diese Bewunderung zu kommen.

Nein, es nicht der billigste, es ist der anstrengendste. Es gibt einfachere Wege. Und selbst wenn Narzissmus das Motiv wäre, weshalb sprechen Sie von einer Störung? Ich finde einen Narzissmus, der sich auf diese Weise kreativ äußert, in Ordnung. Bewundert werden ist ein Menschenrecht. Dazu sollten Sie aber auch Ihrerseits Menschen bewundern können.

Man könnte es auch für einen Ausdruck menschlicher Reife halten, dass jemand diese Art von Bewunderung und Liebe nicht mehr braucht; dass jemand nicht mehr schreibt, weil er sich selbst genug ist.

Wenn Sie das Schreiben aufgeben, geben Sie eine zauberhafte Möglichkeit zum Kontakt mit andern Menschen auf. Dann kann Ihr bisheriger Leser nicht mehr sagen: »Ist denn der Augstein vollkommen verrückt geworden?« Er kann nicht mehr in ein Gespräch mit Ihnen eintreten, seine Meinung bestätigen oder ändern. Er kann auch nicht mit Dritten über das, was Sie geschrieben haben, diskutieren.

Viele Wörter müssten nicht gesagt, viele Artikel und Bücher nicht geschrieben werden! Das Schweigen hat für mich einen eigenen Wert. Ich kenne ein paar Journalisten und Schriftsteller, denen bin ich für jedes nicht geschriebene Wort dankbar – und auch ein paar, die würden das von mir sagen. Die haben natürlich unrecht.

Das Schweigen hat keinen höheren Wert als das Reden und Schreiben. Schweigen ist kein höherer, der Vollkommenheit näherer Zustand. Schweigen steht zwar hoch im Kurs, gerade in unserer verschwatzten – vertalkten – Mediengesellschaft: »Reden ist Silber, Schweigen ist Gold«, heißt es. Aber warum soll Schweigen Gold sein?

In dieser Redensart steckt nicht Weisheit, sondern Furcht.

Früher haben Menschen, die schwiegen, einen tiefen Eindruck auf mich gemacht. Irgendwann sagte ein Freund zu mir: »Die Schweiger sind wie leere Schränke – öffne die Türen und du siehst, es ist nichts drin.« Manche Zeitgenossen in herausragenden Funktionen bedienen sich des Schweigens, um die eigene Leere zum Geheimnis umzudeuten – eine reine Attitüde.

Die Bundeskanzlerin zum Beispiel kann gut schweigen.

Das heißt aber noch nicht, dass in ihr eine Leere ist. Das heißt zunächst nur, dass sie die Macht hat. Schweigen ist ein Machtmittel. Wenn Sie Macht haben, können Sie es sich leisten zu schweigen. Wenn Sie Macht haben und schweigen, suggerieren Sie Herrschaftswissen. Wenn Sie dann zwischendurch doch etwas sagen, klingt es umso bedeutungsvoller. Bei Frau Merkel klingt alles, was sie sagt, bedeutungsvoll, weil sie so oft schweigt.

Frank A. Meyer
Über Rudolf Augstein

Als ich Anfang des Jahres in der Berliner »Spiegel«-Redaktion neben Rudolf Augstein auf dem Sofa saß, fragte er mich: »Kannten Sie den Schweizer Journalisten Fleig?« Ich antwortete: »Ja, sehr gut, Hans Fleig war ein Freund.« Worauf Augstein wissen wollte: »Wie alt wurde er?« »Wohl etwas über 70«, sagte ich. Und Augstein meinte: »Das ist ja ein ganz schönes Alter.«

Rudolf Augsteins schönes Alter war 79 Jahre und zwei Tage. Deutschland trauert um den größten Journalisten seiner jungen demokratischen Geschichte. Haben auch wir Schweizer zu trauern?

Rudolf Augsteins »Spiegel« versicherte uns in den frühen Jahrzehnten der Bundesrepublik in unserem immer wieder durch Zweifel beeinträchtigten Vertrauen in die deutsche Demokratie. Als 1962 Konrad Adenauer, vom rechten Rabauken Franz Josef Strauß angestiftet, zum Sturm auf den »Spiegel« ansetzte, Augstein und führende Redaktoren verhaften ließ, die Redaktion besetzte, mit dem Vorwurf des Landesverrates fuchtelte, da war uns Schweizern bange um die deutsche Demokratie. Und es war wohl weiterum in Europa vielen Demokraten bange um Deutschland.

Der »Spiegel« siegte im Kampf um Pressefreiheit und offene Gesellschaft. Augstein siegte. Er nannte sein Magazin »Sturmgeschütz der Demokratie«. Das freilich war eine sehr deutsche Ausdrucksweise. Aber die Verbindung von Geschütz und Demokratie war akzeptabel aus Augsteins Mund, denn tatsächlich schützte so mancher »Spiegel«-Artikel, so manche »Spiegel«-Kampagne gegen Machtanmaßung und Mächtige die deutsche Demokratie. Wir Schweizer Demokraten durften besser schlafen.

In den Nachrufen wird Rudolf Augstein für seine Lebensleistung gedankt. Allerdings nennt man ihn auch einen »bekennenden Zyniker«. War er das? Gründet einer ein Magazin, entwickelt einer Journalismus von Weltformat – und glaubt nicht an Sinn und Wert seines Tuns? Rudolf Augstein glaubte sehr wohl: an die Wirkung journalistischer Gegenmacht, die immer auch öffentliche Macht bedeutet, also demokratisch kontrollierbare, weil bestreitbare Macht.

Rudolf Augstein schrieb engagiert, ätzend, bisweilen ungerecht, viel öfter gerecht, immer im Glauben, dass sein Wort nötig sei, Sinn mache. Und in diesem Bewusstsein lebte er: dass sein »Spiegel« nötig sei.

Da aber im letzten Jahrhundert so viel missriet, ja so viel sich zum Allerschlimmsten wendete, gerade in Deutschland und durch Deutschland, war es wohl Rudolf Augsteins Selbstschutz, nicht glauben zu wollen, woran er glaubte.

»Sonntagsblick«, 10. November 2002

Frank A. Meyer
Mehr Mut zur Bürgerlichkeit!

Wofür sind wir Journalisten zuständig? Selbstverständlich für alles: von Politik bis People, von Kultur bis Sport. Wir verstehen uns aufs Formulieren, schriftlich oder mündlich oder beides. Wir geben dem Lauf der Dinge die Sprache: dem Alltag mit seinem Glück und Unglück, den Krisen und Katastrophen.

Wir verknüpfen die Ereignisse zum wundersamen Teppich der Wirklichkeit. Also schaffen wir Wirklichkeit: durch unsere ganz eigene Sicht auf das Geschehen, durch unsere Wertungen, nicht zuletzt durch unseren Stil.

Für Sprachbilder und Denkbilder sind wir zuständig. Das ist viel, eigentlich zu viel. Fast anmaßend ist unsere Zuständigkeit. Aber eben doch selbstverständlich. Wir tun einfach, was getan werden muss; wir tun es, weil es unser erlernter Beruf ist, unser Handwerk, im besten Fall unsere Leidenschaft.

Doch die Zuständigkeit der Journalisten erschöpft sich nicht im Ausüben des Metiers.

Denn all das Selbstverständliche unseres Berufs ist nur denkbar im Rahmen von etwas ganz Besonderem: der Demokratie.

Freilich, auch Demokratie erscheint uns selbstverständlich. Doch wer genau hinhört und hinsieht, der stößt auf Demokratieskepsis und Demokratieunlust.

Es kursieren verschiedene Begriffe zu diesem Phänomen: zum Beispiel »Postdemokratie« und »Meritokratie«, auch »marktkonforme Demokratie«.

Die Demokratie wird neuerdings mit Attributen versehen. Sie wird umbenannt. Die Doppelbegriffe sind doppelbödig und doppeldeutig. Sie laufen hinaus auf halbierte Demokratie.

Denn der abgewandelte Demokratiebegriff weist darauf hin, dass da jemand nach dem Steuerruder greift, dass da eine Minderheit mehr als ihren demokratischen Anteil an der Macht zu erringen sucht.

Zum Beispiel »die Eliten«, die sich heute unverhohlen fordernd in den Vorzimmern der Politik tummeln, oder »die Märkte«, die sich bereits unverfroren greifen, was ihnen nicht gehört: politische Macht.

Was aber haben die neuen Begriffe für Demokratie zu tun mit dem journalistischen Alltagshandwerk? Vor allem dies: Wir sind auch – wir sind wieder! – zuständig für Demokratie.

Natürlich waren wir schon früher dafür zuständig, seit je sogar, denn ohne das frei formulierte Wort ist Demokratie nicht möglich. Doch diese Selbstverständlichkeit war schon einmal selbstverständlicher. Etwa in den Zeiten des Kalten Krieges, zwischen 1945 und 1989. Damals war die Demokratie das Selbstverständnis der freien Welt.

Denn sie war die Alternative zum Kommunismus – weshalb sich auch der andere Begriff des Westens, der Kapitalismus, hinter der Demokratie verschanzte.

Die Globalisierung der vergangenen 20 Jahre hat Mächte und Märkte von demokratischen Fesseln befreit – von der Aufsicht durch die Bürger und ihre Politiker. Die neu gewonnene, die unbändig ausgelebte Freiheit des Kapitals aber weckt die Gier nach mehr Macht. Das ist der Hintergrund der Gedankenspiele, die darum kreisen, ob es nicht an der Zeit wäre, die Demokratie neu zu definieren, sie auszurichten auf eine »Elite«, die sich gern selbst so nennt. Statt Volksermächtigung soll neu gelten: Selbstermächtigung.

Die Demokratie, das eine klare Wort, ist herausgefordert. Also ist auch unser Beruf herausgefordert, der seinen ganzen

Sinn, seine ganze Berechtigung aus diesem einen klaren Wort bezieht. Deshalb schlägt jede Relativierung der Demokratie jäh um in eine Relativierung des Journalismus.

Wie aber wehren wir uns für die eine und unteilbare und darum einzige Demokratie?

Mit »Mut zur Bürgerlichkeit«, wie der Philosoph Odo Marquard es formuliert. In seinen Schriften legt der Philosoph aus Gießen dar, dass Bürgerlichkeit die Kultur der Demokratie ist: Wenn Bürgerlichkeit im Alltag gelebt wird, also auch in der Politik, also auch in den Medien, dann herrscht demokratische Kultur.

Und wie sieht sie aus, diese demokratische Alltagskultur? Odo Marquard sagt es so: »Die liberale Bürgerwelt bevorzugt – gut aristotelisch – das Mittlere gegenüber den Extremen, die kleinen Verbesserungen gegenüber der großen Infragestellung, das Alltägliche gegenüber dem Moratorium des Alltags, das Geregelte gegenüber dem Erhabenen, die Ironie gegenüber dem Radikalismus, die Geschäftsordnung gegenüber dem Charisma, das Normale gegenüber dem Enormen, das Individuum gegenüber der (...) Heilsgemeinschaft.«

So zurückhaltend, so bescheiden ist also Bürgerlichkeit? So schlicht soll die Kultur der Demokratie sein? So unattraktiv für uns Journalisten, die wir wöchentlich und täglich, im Netz sogar stündlich, das Erhabene, das Charisma, das Enorme suchen – und es auch finden: bei den Mächtigen, die mit ihrer Grobheit, mit ihrer Hybris, mit ihrer Herrschsucht unser Journalistenherz höherschlagen lassen – welche Storys!

Was kümmert uns dagegen der Kampf der Kandidaten jenseits der großen Bühne von Berlin, was interessieren die Wettbewerbe in den 16 Bundesländern und unten in den 299 Wahlkreisen der Republik?

Was hat uns der Politiker zu bieten – in seinen Ortsverbänden und Fraktionsvorständen, seinen Kreiswahlen und Wahlkreisen? Mit seinen kleinen Schritten, zwei nach vorn, einer zurück, mit dem kleinen Ziel von Kompromiss und Konsens?

Direktmandate, Listenmandate, Überhangmandate, Ausgleichsmandate – ja, was hat das bloß mit uns zu tun? Alles.

Denn in diesem politischen Unterholz versteckt sich die große Story, die größte: die Demokratie.

Freilich, der Journalist braucht Mut zur Bürgerlichkeit. Und Können. Aus dem Geregelten, aus der Geschäftsordnung, aus dem Normalen soll er Geschichten machen, die den Leser, Hörer und Zuschauer fesseln; aus bürgerlicher Biederkeit soll er Wirklichkeit schöpfen, die dem Leser, Hörer und Zuschauer Respekt abnötigt für die Demokratie. Da wird das journalistische Handwerk zum Kunst-Handwerk.

Die Demokratie ist eine Werkstatt. Für diese Werkstatt sind wir Bürger zuständig – wir Journalisten. Es ist die einzige, die wir haben.

»Cicero«, 26. August 2013

212

Facebook stößt bereits an seine Grenzen
Über die Zukunft des gedruckten Wortes

Jakob Augstein: Glauben Sie, Qualitätsjournalismus werde sich auch künftig finanzieren lassen? Einfach, weil Journalisten gut schreiben und Leser für ihre Zeitungen und Zeitschriften bezahlen?

Frank A. Meyer: Ja. Ich gebe Ihnen ein Beispiel. Sie haben gesagt, Springer und die anderen Verlage verdienen mit etwas Geld, das mit Journalismus nichts zu tun hat. Das haben sie doch immer gemacht. In der Blütezeit der Printmedien haben sie ihr Geld mit Annoncen verdient, die nichts mit Journalismus zu tun hatten. Jetzt sind viele der Annoncen weg, aber die Verlage haben sich neue Erlösquellen erschlossen. Jetzt müssten sie wie früher sagen: »Wir verdienen Geld für ein breites Angebot von Zeitungen und Zeitschriften, die nicht mehr so viel Gewinn abwerfen wie früher.«

Aber das ist ja genau das Problem: Früher gab es den Qualitätsjournalismus nur in Kombination mit den Anzeigen. Qualitätsprodukt und Erlösquelle waren in einem Paket. Heute lässt sich das trennen. Irgendwann wird in jedem Verlag ein Controller kommen und sagen: »Wozu brauchen wir diese Redaktion?« Diese Angst geht in vielen Verlagen um.

Zeitungen und Zeitschriften werden nicht abgeschafft, weil auch in Zukunft ein Drittel der Gesellschaft Zeitungen und Zeitschriften lesen will. Wir haben jetzt einen Hype um das iPad, aber ich gebe dem iPad keine große Zukunft, weil die Bedienung umständlich ist. Eine Zeitung zu bedienen ist nicht umständlich. Das iPad ist schwer, so schwer wie einst meine Schiefertafel aus der ersten Klasse. Die Zeitung wiegt fast nichts. Die Zeitung hat etwas Magisches – sie hat ein festes Format mit einem stets wiederkehrenden Layout. Und es steht eine Redaktion dahinter, der ich vertraue. Was bietet sie mir heute? Ich suche beim Zeitunglesen nichts Bestimmtes, ich lasse mir Angebote machen und mich freudig überraschen. Neulich stieß ich in der »Süddeutschen Zeitung« auf einen Artikel über Hyänen, der so informativ war, dass ich abends in einer Talkshow hätte über Hyänen reden können. Hätte ich, wie es die Nutzer von iPads machen, gesucht, was ich finden will, wäre ich nie auf die Hyänen gestoßen.

Zeitungen und Zeitschriften machen Angebote. Die Leser suchen nicht, sie finden. Picasso hat sein kreatives Prinzip so beschrieben: »Ich suche nicht, ich finde.« Ein Drittel der Menschen einer Gesellschaft denkt so. Es ist dasselbe Drittel, das diese Gesellschaft geistig voranbringt.

Warum sinken die Auflagen?
Sie sinken leicht.

Sie sinken dramatisch.
Weil wir nichts dafür tun! Was haben denn Verleger und Journalisten bisher unternommen? Seit Jahren können Sie in Deutschland keine fünfhundert Meter gehen, ohne dass Sie auf ein Symposium treffen, das den Untergang des Printjournalismus verkündet! Verleger und Journalisten beteiligen sich an diesen Schwarzen Messen mit masochistischer Leidenschaft. Und wem dienen diese Symposien und Tagungen?

Wem dient das Krisengerede? Dem Marketing von Google und Konsorten.

Sie beantworten meine Frage nicht. Warum sinken die Auflagen?

Ich bin beim Thema! Weil wir zugelassen haben, dass Zeitunglesen nicht mehr »in« ist. Wir müssen uns zusammentun und aus der Zeitung wieder die intelligente und kultivierte Medien-Marke machen. Die jungen Leute wollen nichts anderes haben als Marken. Es muss »cool« sein, eine Zeitung oder eine Zeitschrift zu lesen. Verleger und Journalisten können die Renaissance des gedruckten Wortes nur gemeinsam leisten. Stattdessen reden sie vom Untergang des Mediums. Wir sind viel zu sehr von Untergangsszenarien fasziniert. Wenn Sie heute als Redner eine Katastrophe beschwören, bekommen Sie 10 000 Euro pro Auftritt. Wenn Sie aber kommen und sagen: »Ich will euch eine fröhliche Geschichte erzählen«, sagen die Gastgeber: »Na gut, Sie bekommen zwei Flaschen Wein dafür.«

Ich bin nicht Ihrer Meinung. Ich glaube, Sie sind zu optimistisch. Sie missverstehen auch, dass eine neue Generation heranwächst, die merkt: Wir kommen ganz gut ohne die Zeitung aus. Die das Zeitunglesen gar nicht mehr lernt. Zeitunglesen gehört plötzlich zu den kulturellen Handlungen, die an Bedeutung verlieren oder sogar in Vergessenheit geraten. Ich glaube auch, dass Sie und ich, wir Journalisten, eine Relativierung der eigenen Bedeutung erleben, mit der wir schlecht umgehen können. Früher hat man Hüte getragen. Das macht man heute nicht mehr.

Es stimmt nicht, dass die jungen Leute früherer Generationen Zeitung gelesen haben. Zeitung beginnt man mit 30 oder 35 Jahren zu lesen. Jetzt können Sie sagen: »Aber vielleicht nicht einmal mehr dann!« Im Moment scheint es so zu sein. Aber es gibt keine Entwicklung ohne Brüche. Wir erleben doch gerade eine erste Entzauberung des Netzes auch bei jungen Leuten. Das sind tektonische Verschiebungen, die sich langsam auswirken. Auch die skrupellose Kommerzialisierung stößt auf Misstrauen. Schließlich stören sich die Konsumenten an der impertinenten Werbung auf jeder Mattscheibe. Der einzige Ort, wo Werbung nicht stört, wo Werbung sogar zur Ästhetik beiträgt, sind die gedruckten Medien.

Das reicht ja wohl nicht als Argument.

Im Zeitalter des Internets erhalten wir die Informationen gratis. Deshalb muss die Zeitung wieder ein Ort werden, der eine Haltung vertritt – eine Art Club, den ich besuche, weil ich weiß, welche Denkkultur mich dort erwartet. Natürlich müssen in der Zeitung kontroverse Haltungen Gehör finden. Aber der Leser muss wissen, in welchem Salon der Aufklärung er sich befindet. Das halte ich für das journalistische und auch kommerzielle Erfolgsrezept der Zukunft. Die Zukunft der Printmedien liegt in ihrer journalistischen Qualität. Deshalb wird der Qualitätsjournalismus anspruchsvoller.

Ich fürchte, dass genau das Umgekehrte eintreten wird: In dem Maße, wie die Verlage unter Erlösdruck geraten, werden die Gehälter der Journalisten sinken. Anfangs werden auch gute Journalisten bereit sein, mit weniger Geld auszukommen, aber irgendwann schlägt sich die Senkung der Löhne auf das redaktionelle Niveau nieder. Der Preisdruck macht sich schon heute bemerkbar: Verlagshäuser, die ihre Kollegen gut bezahlen, etwa die großen Hamburger Blätter, stellen neue Leute für viel niedrigere Löhne ein. Aber wir erleben nicht nur einen Rückgang der Erlöse aus

Printmedien, wir erleben auch einen publizistischen Bedeutungs-
verlust. Weniger Geld, weniger Rendite, weniger Stellen, weniger
Wirkung, weniger Prestige – es ist von allem weniger!

Bedeutungsverlust? Ein klares Nein. Nach wie vor hat etwas
erst Bedeutung, wenn es gedruckt ist.

Ich glaube, dass unsere Politiker, wenn sie erfolgreich agieren,
ohne Medien agieren.

Wenn etwas Bedeutung haben soll, muss es gedruckt sein.

Die Kanzlerin zum Beispiel braucht die Medien nicht, um ihre
Macht auszuüben. Sie ist die am wenigsten mediale Politikerfi-
gur, die man sich überhaupt vorstellen kann.

Das liegt an ihrer Sozialisation. Sie hat in der ehemaligen
DDR zwei Sprachen gelernt, eine offizielle und eine private.
Eine für draußen und eine für drinnen. Wer aus einem System
kommt, in dem man jedes Wort abwägen musste, hat gelernt,
viel und zugleich wenig zu sagen. Er braucht die Medien nicht,
er benutzt sie. Aber ich will Ihnen ein Beispiel nennen:
Nehmen Sie die Enthüllungen von Snowden – sie haben nur
Bedeutung, weil sie gedruckt wurden.

Sie haben gar keine Bedeutung. Das ist doch das Problem. Die
Enthüllungen von Snowden sind veröffentlicht, jeder weiß jetzt,
wie der amerikanische Geheimdienst weltweit den Spitzel ge-
macht hat. Die Öffentlichkeit ist darüber ein bisschen genervt,
aber es geschieht nichts. Es geht alles genauso weiter wie bisher,
nur dass die Entfremdung gegenüber dem politischen Betrieb ein
bisschen größer geworden ist. Diese zusätzliche Entfremdung ist
die Wirkung von Snowden, eine gefährliche Wirkung, nicht die
Änderung der Verhältnisse. Schon Josef Joffe hat in der »Zeit« über

die WikiLeaks-Affäre sinngemäß geschrieben: »Diese Veröffentlichungen hätten nicht passieren dürfen.« Das war natürlich eine absurde Äußerung für einen Journalisten: Missstände sollten besser nicht veröffentlicht werden, weil sie Kollateralschäden unserer Wirklichkeit sind, die zu ändern gar nicht in unserem Interesse ist. Schrecklich. Das Ende der Aufklärung.

Ich will gar nicht in Abrede stellen, dass uns das Internet gewaltige Probleme macht. Das Internet und der Kapitalmarkt sind die zwei ungeregelten Bezirke der Weltgesellschaft – Bezirke, in denen es keine Gesetze gibt, weil keine Hand des Gesetzes greift. Es braucht lange, das einzufangen, die Politik kann auf solche Phänomene nicht ad hoc reagieren, auch mit vereinten Kräften nicht. Im Grunde sind das auch keine politischen Krisen, sondern Kulturkrisen. Es braucht eine Änderung des Bewusstseins. Aber die Prozesse sind eingeleitet. So wie die Finanzkrise den Scheinwerfer auf den zügellosen Kapitalmarkt gerichtet hat, lösten die Enthüllungen von Snowden ein neues Bewusstsein im Umgang mit dem Internet aus.

Ich erwarte eine andere Entwicklung. Es wird nur noch ganz wenige Leute geben, die noch Zeitungen und Zeitschriften lesen, aber sehr viele Leute, die sich mit vollem Bewusstsein in die Hände derer geben, die das Netz zur Verfügung stellen und komfortabel machen, also von Apple und den anderen. Diese Firmen bieten den Menschen direkte, unmittelbar messbare Leistungen, die das Leben leichter machen, ohne die das Leben weniger angenehm wäre. Im Gegenzug dringen sie tief in das Privatleben und in das Bewusstsein ihrer Kunden vor. Das ist ein Teufelspakt. Er ist den iPhone- und iPad-Nutzern durchaus bewusst: Sie wissen, dass sie mit den paar hundert Euro für das Handy nur eine Anzahlung leisten, denn eigentlich geben sie alles her, was sie haben, ihre Pri-

vatsphäre, aber sie tun es gern, weil sie etwas dafür bekommen.
Und da kommen wir mit unserem Ethos vom aufklärerischen
Journalismus und rufen: »Lasst euch nicht darauf ein!« Ich finde,
wir sollten weiterrufen – aber nicht zu sehr darauf rechnen, gehört
zu werden.

Lieber Jakob Augstein, Sie unterschätzen da etwas: Je selbstverständlicher das Netz wird, desto emanzipierter wird der
Einzelne, desto freier wird er vom Netz. Wir leben gerade im
frühen Kindesalter dieses Mediums. Das Netz ist noch ein
Spielzeug...

... nein, es ist längst ein neues Körperteil, ein neues Organ ...

... aber wenn es ein Körperteil wird, ist es schon etwas, das ich
beherrsche, wovon ich mich emanzipiere...

Sie können es nicht loslösen. Sie können zwar sagen: »Ich hacke
mir den rechten Fuß ab.« Aber das macht kein Mensch.

Sie unterschätzen etwas Fundamentales: Der Mensch hat ein
Urbedürfnis nach Selbstbestimmung, nach Autonomie. Sie
können den Menschen eine Zeit lang manipulieren, auch eine
Zeit lang unterdrücken, auch mit Belohnungen, so wie es das
chinesische Regime macht: »Ihr werdet immer mehr Wohlstand haben, aber muckt bloß politisch nicht auf!« Doch das
funktioniert immer nur für eine bestimmte Zeit. Sie unterschätzen den Willen des Menschen, Dinge zu verändern, die er
nicht will, die ihn beengen.

Die Frage ist, was will der Mensch. Ich glaube, dass wir jetzt in
einer anderen Situation sind, weil das Versprechen, das Google
und Apple machen, das Versprechen der vollkommenen Individu-
alisierung ist. Dieses Versprechen wirkt auf die Menschen höchst

attraktiv, sie wollen ja immer individueller leben. Ich bezweifle, dass die Menschen die Täuschung und die Lüge, der sie ausgesetzt sind, durchschauen.

Jetzt haben Sie mich falsch verstanden. Oder ich habe mich falsch ausgedrückt. Der Mensch verfügt über die Kraft zur Eigenständigkeit ...

... aber hier spielt noch ein anderes menschliches Bedürfnis eine Rolle, die Freiheit. Die Leute glauben, ihr Leben werde mit Hilfe des Smartphones freier, im iPhone oder iPad stecke sozusagen Freiheit ...

... es ist dieselbe Freiheit, die auch in einem Auto steckt: Ich kann mit seiner Hilfe unter bestimmten Umständen sehr schnell fahren. Aber der Mensch ist kein auf das absolut Individuelle hin bestimmtes Geschöpf, sondern ein soziales Wesen mit einem Bedürfnis nach Gemeinschaft, und dieses Bedürfnis gehört zu den größten Kräften, die es überhaupt gibt. Erscheinungen wie Facebook haben versucht, dieses Bedürfnis zu substituieren. Doch Facebook stößt bereits an seine Grenzen – das Virtuelle kann unseren Geruchssinn, unseren Tastsinn, unseren Wunsch nach lebhafter und leibhaftiger Rückmeldung, letztlich unseren Wunsch nach Zusammensein nicht befriedigen. Wir könnten unser Gespräch auch über E-Mails führen – es wäre viel unlebendiger und im Ergebnis schlecht. Wir sind Menschen. Wir brauchen Menschen. Ich will ich sein, aber ich will auch mit anderen zusammen sein, mit einem oder zwei oder zwanzig Menschen zugleich.

Wir erleben tektonische Verschiebungen des Bewusstseins. Es wird eine Rebellion geben. Aber sie braucht Zeit. Sie werden sie noch erleben, ich vielleicht nicht mehr. Es wird keine laute Rebellion sein mit dem Aufschrei: »Es reicht jetzt!«. Sie wird leise vonstattengehen.

Als mein Vater wegen irgendeiner Olympiade den ersten Fernseher kaufte, schauten wir alles, was von dieser Olympiade übertragen wurde. Wir schauten nicht wegen der Olympiade, sondern weil sich die Bilder auf der Mattscheibe bewegten. Das war faszinierend. Aber diese Faszination legte sich. Bald war nicht mehr die Bewegung der Bilder wichtig, sondern ihr Inhalt.

Sie sind tatsächlich ein Optimist.

Ich bin Realist. Ich akzeptiere, wie Geschichte, auch Bewusstseinsgeschichte, verläuft. Das Internet nutzen wir jetzt seit zwanzig Jahren. Was ist das schon? Das ist doch kein Siegeszug. Das ist nicht einmal ein Lidschlag der Geschichte. In der Geschichte hat sich das emanzipatorische Prinzip im Menschen immer wieder durchgesetzt. Das ist sein Lebensprinzip, sein Überlebensprinzip.

Für mich hat der gesellschaftliche Fortschritt keine naturwissenschaftliche Notwendigkeit…

…ich spreche von keiner naturwissenschaftlichen Notwendigkeit, so weit würde ich nicht gehen. Ich rede nicht einmal von Fortschritt. Ich sage nur: Der Mensch ist der Mensch, es gab gestern keinen anderen und morgen ist er auch kein anderer. Denn es ist immer nur die Rückkehr zum Menschen, zum menschlichen Bedürfnis. Man sagt manchmal: »Sie müssen sich neu erfinden.« Der Mensch hat sich immer gefunden – gesucht, gefunden, befreit. Dass er wieder der Mensch ist, nicht der andere Mensch.

Das ist mir zu anthropologisch. Und letztlich ist damit auch nicht viel gesagt.

Moment. Er kann erkennen, dass die Todesstrafe falsch ist. Er kann seine Kultur entwickeln. Aber er bleibt da mit seinen zentralen Problemen: Liebe, Macht, Eifersucht ... Der Mensch ist ein Klassiker – nur interpretiert sich jede Generation neu. Darum ist alles gescheitert, was auf einen neuen Menschen hinauswollte. Alles.

Ich glaube, wir erleben etwas, das es so vorher noch nicht gegeben hat. Ich glaube nicht, dass irgendeine politische oder technologische Entwicklung mit dem vergleichbar ist, was wir im Moment erleben, weil hier der Widerspruch zwischen der Sehnsucht nach Individualität, die dem Menschen innewohnt, und der Sehnsucht nach Kollektivität, die wir auch haben, scheinbar aufgelöst wird. Das sind sozusagen zwei Pole, zwischen denen die Menschen in ihrer kulturellen Entwicklung pendeln. Die Digitalisierung suggeriert die Auflösung dieser Dualität, indem sie die Individualität und die Kollektivität gleichermaßen zu vervollkommnen scheint. Aber beides ist eine Lüge, und ich fürchte, dass die Leute es nicht merken. Weil das falsche Bewusstsein, frei zu sein, tief sitzt, wird es schwer sein, diese Entwicklung zurückzudrehen. Das ist sozusagen mein inneres Argument.

Und dann gibt es natürlich das äußere, rein institutionelle Argument: Je mehr Macht und Geld Konzerne wie Google und Apple agglomerieren (und das ist sehr viel Macht und sehr viel Geld!), desto schwerer wird es, sie wieder auszuhebeln. Woher soll eigentlich die Kraft kommen, sie wieder auszuhebeln? Diese Konzerne vertreten jeden Tag sehr wirkungsvoll ihre Interessen. Wer soll das leisten, wenn nicht einmal der amerikanische Präsident seine Geheimdienste ausheben kann, deren Macht zur techni-

222

*schen Durchdringung unseres Lebens auch erst wenige Jahre alt
ist. Sie ist ihnen erst nach dem 11. September 2001 zugefallen.
Wenn nicht einmal die Geheimdienste zu stoppen sind – wer
stoppt Google? Mit den Werkzeugen, die wir heute in der Hand
halten, sicher niemand.*

Ihre Feststellung, dass wir in einer Situation seien, die es so
noch nie gegeben habe, ist eine Banalität. Der Mensch kommt
im Lauf der Geschichte fortwährend in Situationen, die er so
noch nie erlebt hat. Für die Menschen des neunzehnten Jahrhunderts war eine solche Situation die Elektrifizierung oder
das Aufkommen der Eisenbahn. Für das Bewusstsein der
Menschen waren diese Entwicklungen genauso gewaltig, wie
es das Internet für uns heute ist. Ihre Analyse erscheint mir nur
insofern richtig, als sie die gegenwärtige und dabei vorläufige
Situation beschreibt. Und zu Ihrem Punkt, dass die Konzerne
so viel Macht haben: So, wie die Menschen sich gegen die Allmacht der Staaten aufgelehnt haben, werden sie sich gegen die
Allmacht internationaler Konzerne auflehnen. Die Gesetze,
die wir haben, genügen hierfür.

*Es ist ein Teil des Problems, dass man sich an diese Gesetze nicht
mehr hält. Nehmen Sie die Spitzelwut der Geheimdienste. Die
wurde von der Politik nicht in diesem Ausmaß vorhergesehen, allenfalls erahnt. Und jetzt, wo das Ausmaß bekannt ist, geschieht
nichts.*

Das greift mir zu kurz. Die Tatsache, dass jetzt nichts geschieht,
bedeutet nicht, dass nie etwas geschehen wird. Es braucht einen Kampf um ein neues Bewusstsein. Diesen Kampf müssen
zuallererst wir Journalisten führen! Wenn Sie morgen durchsetzen, dass Konsumprodukte für ihren ökologischen Standard mit den Farben Rot, Gelb und Grün gekennzeichnet

werden, werden sich sofort Millionen von Menschen daran orientieren.

Heute beträgt der Anteil an Öko-Lebensmitteln in Deutschland knapp vier Prozent. Das ist lächerlich wenig. Bio-Produkte sind schon heute gekennzeichnet. Aber weil Bio-Produkte teurer sind, kaufen die Leute weiter das billige Zeug ohne Kennzeichnung im Discounter. Sie tun das mit vollem Bewusstsein, ihre Haushaltskasse kennt nämlich Limits.

Die beste Öko-Milch finde ich hier in Berlin bei einem Discounter.

Sie kommen mit dem Anspruch auf ökologische Produktion an die Grenze des Systems, denn Sie bekommen für wenig Geld keine biologisch hergestellte Milch. Sie bekommen für wenig Geld überhaupt keine anständigen Produkte – das ist ein Gesetz des kapitalistischen Systems. Zuerst wurde der Mensch ausgebeutet und mit dem Beginn des Sozialstaats ist der Kapitalismus dazu übergegangen, die Natur auszubeuten. Aber irgendetwas wird immer ausgebeutet. Irgendein Bangladesch nehmen Sie immer in Kauf…

… außer, wenn es kein Bangladesch mehr gibt. Aber ich kann Ihnen folgen: Der Kapitalismus trägt den Widerspruch in sich. Wenn Sie ein Produkt marktgängig machen, sinkt es im Preis und wird zum Standard. Deshalb versuchten die Produzenten konventioneller Energie, den Erfolg der alternativen Energien zu verhindern.

Ich behaupte gar nicht, lieber Jakob Augstein, »alles wird gut«. Es wird nicht automatisch gut. Es kommt auf die dreißig Prozent der Gesellschaft an, von denen ich vorhin gesprochen habe, die dreißig Prozent der Leute, die weiter Zeitung lesen und an der Entwicklung der Gesellschaft teilhaben. Für mich ist dieser Zusammenhang nicht zufällig. Eine Zeitung lesen Sie anders als einen Online-Text. Akribischer, reflektierter. Wer Zeitung liest, hat ein Interesse an Fakten, ein waches Bewusstsein für Hintergründe. Diese dreißig Prozent können ein neues Bewusstsein schaffen.

Auf einen Espresso mit Frank A. Meyer und Marc Walder
Über den Terror des Jetzt – und die Entschleunigung

Sagen Sie mal, Frank A. Meyer, was haben Sie sich eigentlich fürs neue Jahr vorgenommen?

Die Zeit anzuhalten.

Das könnte schwierig werden. Was genau meinen Sie damit?

1999 lancierte mein leider viel zu früh verstorbener Freund Peter Glotz, Professor für Medien und Gesellschaft an der Universität St. Gallen, den Begriff der »beschleunigten Gesellschaft«. Ich hielt ihm damals entgegen: »Wir brauchen nicht Beschleunigung, sondern Entschleunigung der Gesellschaft.« Das meine ich noch immer. Und das meine ich auch mit dem Anhalten der Zeit: Entschleunigung.

Was hat Sie auf diesen Gedanken gebracht?

Die Technologie des Internets versetzt uns buchstäblich in Raserei. Die Lichtgeschwindigkeit ist zur Maßeinheit unserer Reaktionen geworden. Alles, was wir tun, alles, was geschieht, kann übers Netz quasi zeitgleich der ganzen Welt vermittelt werden. Alles ist jetzt, nichts mehr ist gestern oder vorgestern oder morgen oder übermorgen.

Was Sie da beschreiben, bietet doch enorme Vorteile. Warum sind Sie so skeptisch?

Die Krise, die wir erleben, ist eine Folge dieser Raserei. Die Finanzwirtschaft hat die Fesseln von Zeit und Ort gesprengt. Sie betreibt ihr Geschäft losgelöst von allen Dimensionen und reagiert nur noch auf Impulse. Jede Nachricht löst spekulative Zuckungen aus. Man kann die Finanzhändler vergleichen mit

Quallen, die sich in Schwärmen bewegen, nur auf Reize reagierend, aber blitzschnell. Übrigens ein Bild des jungen deutschen Philosophen Richard David Precht.

Internet, mobile, internetfähige Smartphones beschleunigen unsere Welt enorm, da haben Sie zweifellos recht. Aber warum beschreiben Sie dies so sehr als Gefahr?

Weil wir nicht für diesen Geschwindigkeitsrausch gemacht sind. Der Mensch Marc Walder, lieber Marc Walder, bewegt sich im Normalfall mit vier Kilometern pro Stunde vorwärts; er benötigt Zeit zum Voraus-Denken; er benötigt Zeit zum Nach-Denken. Aber die hat er nicht. Der Netzterror vergewaltigt die menschliche Natur. Nicht nur individuell, sondern auch gesellschaftlich. Eine Zivilisation kann sich nicht dem vom Internet diktierten Tempo unterordnen, ohne Crashs zu produzieren. Wir leben im permanenten Ausnahmezustand. Carl Schmitt, in den Dreißigerjahren Kronjurist der Nazis, dozierte: »Souverän ist, wer über den Ausnahmezustand entscheidet.« Ausnahmezustand bedeutete damals Adolf Hitler. Und auch heute bedeutet er in keinem Fall Demokratie oder Volkswillen. Wie wir jetzt gerade wieder am Beispiel der Finanzwirtschaft erfahren müssen.

Wie stellen Sie sich eine Entschleunigung der Gesellschaft vor?

Entschleunigung ergibt sich durch Re-Demokratisierung. Wenn die Menschen über das Schicksal ihrer Gesellschaft bestimmen, verlangsamt sich der Entscheidungsprozess – denn es muss nachgedacht, es muss gestritten werden; es müssen Kompromisse ausgehandelt, es muss Überzeugungsarbeit geleistet werden. Erst dann kann man Entscheide treffen. Und vielleicht wird sogar erneut kritisiert, debattiert, korrigiert, verbessert. So verläuft der kreative Prozess, übrigens nicht nur in der Politik, sondern überall, wo Werte geschaffen werden, von der Industrie über die Wissenschaft und die Forschung bis hin zur Kunst.

Und wie entschleunigen Sie ganz persönlich?

Indem ich lese, vorzugsweise Romane – vor allem Klassiker, die gestern oder vorgestern spielen und gerade dadurch die Verirrungen unserer Jetzt-Zeit beleuchten. Aber natürlich entschleunige ich auch durch Gespräche mit Menschen, denen ich Zeit abtrotze, indem ich sie zu einem Spaziergang oder gar zu einer Wanderung verführe, sie also aus ihrem vertakteten Zeitablauf herauslocke, und einfach mit ihnen über das Leben rede. Über Liebe und Zärtlichkeit, über Gerechtigkeit und Solidarität, über Themen, die in keine Geschäftsordnung passen – und dies am liebsten stundenlang.

»Schweizer Illustrierte«, 31. Dezember 2011

Frank A. Meyer
Man ist Mensch, wenn man mit Menschen ist

Der Salon floriert. Zum Beispiel in Berlin. Sei es privat, in herrschaftlichen Wohnungen aus wilhelminischer Zeit, sei es in Buchhandlungen, sei es im Foyer von Theatern. Die Bürger eilen in Scharen herbei, um zu diskutieren: mit Philosophen, Literaten, Künstlern, Zeitzeugen, Akademikern, Politikern. Wer etwas zu sagen hat, findet in der deutschen Hauptstadt Podium und Publikum.

Schon einmal war es so, im späten Kaiserreich. Ende des 19. Jahrhunderts wurde der Salon zum Ort bürgerlicher Emanzipation – Ort von Esprit und Causerie.

Noch in der ersten Hälfte des 20. Jahrhunderts, in den Blütejahren der ersten deutschen Demokratie, der Weimarer Republik, bot der Salon – bis die Nazis kamen – den Freiraum zur Debatte über die Zeitläufe. Und tagsüber, wenn der Salon ruhte, lief der Diskurs in Wein- und Kaffeehäusern und in den Zeitungsredaktionen.

Alles Geschichte?

Das 21. Jahrhundert brach an mit dem Internet. Was wir erfahren, sagen, denken: In Facebook und Google und Twitter und Wikipedia findet es seinen Niederschlag.

Ja, das Internet ist das Niederschlagsgebiet allen neuen Wissens. Die sekündlich anschwellende Menge des elektronisch vermittelten Menschheitsgedächtnisses ist nur noch in Terabytes zu bemessen – die Größenordnung, die den jetzt gerade aktuellen Wissensstand benennen kann. Und der ist ohnehin jetzt schon überholt. Und jetzt gerade erneut. Das Einspeisen, Einordnen und Einmotten im Netz vollzieht sich im Tempo des Lidschlags.

Dennoch sind Berlins Salons gesucht und begehrt, wie wohl auch in anderen Kulturmetropolen. Es herrscht ganz offensichtlich der Drang des Bürgers nach Begegnung und Besprechung mit anderen Bürgern – in intellektueller, in geistvoller Absicht. Man will reden miteinander; denken miteinander; und man will dabei zusammensitzen; auch zu einem Glas Wein will man greifen können beim Diskutieren und Zuhören; man will sich in die Augen schauen; man will die Körpersprache des Gegenübers erleben und genießen.

Man ist Mensch, wenn man mit Menschen ist.

Aber auch die Virtualität ist Realität. Unablässig schwatzen wir doch schwärmend davon, dass die Netzwirklichkeit eine neue Wirklichkeit schaffe, die sich schließlich als unser aller wirkliche Wirklichkeit erweisen werde!

In Deutschland haben Netz-Nerds diese Wandlung bereits gewagt: Aus dem virtuellen Raum heraus gründeten sie die Piratenpartei, eine Partei, die den Anspruch, die herkömmliche Politik zu entern, bereits im Namen führt. Und im Logo: Die »Piraten« setzten flott ihre Segel unter der Totenkopf-Flagge, die ja dem Feind seit je nichts weniger androht als den Untergang.

Daraus ist nichts geworden. Zwar feierte die Laptop-Partei ein paar provinzielle Wahltriumphe, doch sie verflüssigte sich inzwischen wieder fast völlig im Netz.

Ihr Versprechen allerdings war gewaltig: Sie wollte Transparenz schaffen, hundertprozentiges Sichtbarmachen aller Regungen in der Demokratie. Ein Totalitarismus von gleißender, von blendender Helligkeit – bis in den hintersten politischen Winkel hinein.

Die Partei schaffte nicht einmal den Überblick über sich selbst. Sie zerstritt sich in Shitstorms, Twitter-Intrigen und Facebook-Verunglimpfungen. Der entgeisterten Öffentlichkeit bot sich ein Bild zumeist junger Menschen, die nicht zusammenfanden, weil sie kaum je physisch teilgenommen hatten an der realen Politik, so wie sie immer schon war.

Auch die Abschaffung von Herrschaftswissen durch Transparenz misslang. Denn was ist Transparenz? Ist es der Klick auf ein Dialogfeld des Bildschirms? Der Blick in die Google-Welt? Transparent machen heißt sichtbar machen. Sichtbar aber bedeutet begreifbar, zum Greifen, also intellektuell-sinnlich erfahrbar.

Das aber zwingt zum Zusammenfügen und Ergänzen von Wissenspartikeln, wie sie das Netz liefert; es zwingt zum Einbetten von partiellem Wissen in den großen menschlichen Erfahrungsschatz; und es zwingt zur Konfrontation von allem Wissen mit ethischen und moralischen Grundwerten.

Das wäre dann Bildung zu nennen.

Doch wo und wie bildet sich Bildung? Das Netz liefert dazu nur den kruden Werkstoff. Die Denkhandwerker aber schreiben Bücher, halten Vorträge, diskutieren in Salons. Vor allem gestalten redaktionelle Gemeinschaften Zeitungen, Zeitschriften und Magazine. Auf Papier wird vorgedacht, nachgedacht und weitergedacht, wird debattiert und ausprobiert, wird erwogen und abgewogen, oft umständlich, bisweilen auch vollendet elegant.

Die Zeitung und die Zeitschrift sind der gedruckte Salon unserer demokratischen Gesellschaft. Journalisten sind in diesem Salon Gastgeber und Gedankengeber, manchmal brillante Causeure, gerne auch geistvolle Gaukler. Sie erzählen die sinnfälligen und hintersinnigen und immer wieder lehrreichen Märchen des Alltags. Mit ihrem altmodischen Medium garantieren sie das Denkgeflecht, das unsere freie Gesellschaft zusammenhält.

Und sie tun ihr Werk von Tag zu Tag, von Woche zu Woche, geradezu bedächtig, auf wohltuende Weise entschleunigt, mithin also viel zu langsam für die permanent hysterisch erregte Netzwelt. Zeitungsjournalisten entlarven das Funkengestiebe im Netz, von bildschirmsüchtigen Kids und Nerds fürs Sternenzelt gehalten, als unendlich viel Meteoritenschrott.

Das Schicksal der Menschen spielt unter Menschen und hienieden, wo wir uns begegnen in Salons, in Cafés, in Lounges, in Redaktionen, in Zeitungen und Zeitschriften, in Büchern – im persönlichen Gespräch.

Das ist Lebenselixier und Luxus der Demokratie: Zeit zu haben und Räume dazu.

»Cicero«, 1. Mai 2013

Frank A. Meyer
Im Auge des Shitstorms

Tahrir, Gezi, Maidan: drei Schauplätze von Revolten, ja Revolutionen. Ihre Namen haben sich ins Bewusstsein der Bürger eingebrannt. Über Monate beherrschten sie die Schlagzeilen.

Sie lieferten die Bilder des Tages. Sie bestimmten die Ästhetik der Nachrichten. Sie zeigten demonstrierende Menschen, militante Kämpfer, Geschlagene und Geschundene, Polizisten in monströsen Monturen. Und das alles in Farbe: Blut, rot wie Ketchup. Kleidung, bunt wie Blumen. Flammen in leuchtendem Orange. Jedes Foto am Bildschirm akkurat bearbeitet, damit bloß nichts unklar bleibt.

Die Wirklichkeit! Wirklich?

Medienwirklichkeit auf jeden Fall. Wie sie das Netz garantiert: rund um den Globus, rund um die Uhr. Man muss sie nur checken, auf dem Laptop, auf dem iPad, auf dem iPhone. Sie ist immer da, leuchtet auf, wenn man sie berührt, über sie wischt, sie streichelt.

Genau: Man kann die Welt zu jeder Zeit streicheln – und sie erstrahlt. Sie ist fassbar, weil handlich, weil abzulesen im Gehen wie im Stehen wie im Fahren.

Ist das denn alles noch zu fassen?

Die ganze Welt ist mit uns eins geworden, kinderleicht einzufangen mit einem Netz, das jeder schon in frühester Jugend auszuwerfen lernt. Zugleich löst die Welt sich auf, in einzelne Partikel, nach denen wir dann hektisch klicken.

Die Partikel werden zu Feinstaub, verdichten sich zu Smog, rauben uns die Sicht. Alles wissen, nichts verstehen, dieser Formel folgen die Netz-News.

Genau so funktioniert das: Wer checkt, hakt ab, begreift aber nichts im Wortsinn von »be-greifen«, also greifen, also in den Griff bekommen.

Nicht allein die Geschwindigkeit, mit der Ereignisse, Aktualitäten, Dramen, Komödien, Skandale, Verbrechen gemeldet werden, hindert die Konsumenten der Welt daran, die Wirklichkeit zu begreifen. Auch die Kleinteiligkeit der Darbietung verstellt den Überblick, den Blick aufs Ganze.

Der Bildschirm ist klein, sehr klein; der Text rollt ab, Zeile um Zeile; das Bild lässt sich zwar aufblähen, bleibt aber beschränkt; alles wird in seine Einzelteile zerlegt: Geschichten, Gestalten, Gesichter, Gedanken – als wolle man da Vincis Abendmahl unter der Lupe erfassen.

Lupenreine Wirklichkeit?

Wegklicken und weiterklicken und »gefällt mir/gefällt mir nicht mehr«: Das Netz synthetisiert aus der wirklichen Wirklichkeit seine eigene digitale Wirklichkeit – durch Dekonstruktion.

Wer aber setzt die dekonstruierte Welt zusammen? Wer fügt die Partikel zu einem Bild, das sich greifen lässt? Wer macht begreifbar, was als nie abreißende Newsflut auf uns niederstürzt?

Wer sind die Demonstranten auf dem Tahrir-Platz in Kairo, im Istanbuler Gezi-Park, auf Kiews Maidan? Welche Strömungen spiegeln sie wider? Welche Absichten verfolgen sie? Welche Geschichte erzählen sie?

Die Ereignisse in ihrer gesellschaftlichen Breite und geschichtlichen Tiefe erfassen, hieße: die Gegenwart zu historisieren. Es wäre die wohl edelste Aufgabe der Journalisten. Doch wo sind sie zu finden, jene Begreifbarmacher?

Sie arbeiten bei Zeitungen und Zeitschriften. Also in den Redaktionen. Sie gestalten die Welt nach ihren Prioritäten, nach ihren Einsichten, nach ihren Interessen, nach ihrem Wissen, nach ihrem Vergnügen.

Sie sind der Club, dessen Weltsicht der Leser sich anvertraut. Je nach eigener Weltsicht, dem jeweils ganz eigenen Club: konservativ oder liberal oder links oder bunt und laut oder grau und gedämpft – der »Neuen Zürcher Zeitung« oder dem »Blick« oder der »Frankfurter Allgemeinen Zeitung« oder der »Süddeutschen Zeitung« oder dem »Spiegel« oder der »Zeit« oder »Cicero«.

Solche Blätter bieten Papierwelten der Welterklärung, ausladend und einladend – und vor allem: gestaltet. Das Große groß, das Kleine klein, das Unerwartete spektakulär.

Zeitunglesen ist eine Entdeckungsreise: Welche Themen, nach denen ich im Netz nie und nimmer gesucht hätte, bietet mir mein Club? Was offeriert er mir an Einsichten und Zusammenhängen, auf die ich beim Klicken und Scrollen nie und nimmer gestoßen wäre?

Und wie gelangt mein Club dorthin? Durch Debatten der Redaktoren über die Tageswirklichkeit, über deren Abgründe und Hintergründe, über Menschen, die Politik, Wirtschaft und Kultur bewegen. Der Club ist nämlich auch ein Salon, in welchem Meinung und Gegenmeinung lustvoll das Resultat bestimmen: das Gedruckte.

Die Redaktion, ein Club, ein Salon – ein Ort der Aufklärung. Zugegeben, das ist eine alte Sache, uralt im Vergleich zum Netz, bevölkert von vergleichsweise uralten Menschen, in denen das Feuer der Aufklärung noch nicht erloschen ist: irgendwie 18. Jahrhundert, kurz vor der Französischen Revolution, als sich im Salon des Barons d'Holbach die besten Köpfe Europas trafen zu Diskussion und Causerie: Denis Diderot, David Hume, Laurence Sterne, Jean-Jacques Rousseau.

Was wir heute für so selbstverständlich halten, dass wir es kaum noch zu genießen verstehen, geschweige denn hegen und pflegen – es begann dort und damals: die offene Gesellschaft.

Der demokratische Rechtsstaat entsprang dem Denken jener Aufklärer. Der Salon wurde zur Zeitung – Eintritt: drei Franken. Es lässt sich gut verweilen in diesem Salon. Man hat Zeit. Man denkt plötzlich, was man nie gedacht hätte, weil man liest, was man nie gelesen hätte.

Zeitunglesen ist Lust an sich selbst: Der Zeitungsleser bremst die Hektik der Welt, verlangsamt sie zur Lesezeit, macht sie erfahrbar, erkennbar, begreifbar. Der Zeitungsleser verschafft sich Ungestörtheit und Überblick im Salon seiner Redaktion, seines Clubs. Er ruht im Auge des Shitstorms – und beharrt auf geistiger Selbstbestimmung.

Nichts drängt ihn weiter und weiter durch glitzernde Ereignispartikel, die, kaum berührt, gleich wieder verglühen. Keine Netznervosität nervt ihn, kein Blitzen von BuzzFeed, kein Freundschafts-Geflimmer auf Facebook.

Zeitunglesen ist angehaltene Zeit. Ich-Zeit.

Und das soll jetzt vorbei sein? Oder, wenn nicht jetzt, dann spätestens in Bälde, wie doch so viele prophezeien, wie es doch Milliarden Netzmenschen zu belegen scheinen, die ihre Touchscreen-Virtuosität für das Beherrschen des Weltwissens halten.

Von Albert Einstein ist der Satz überliefert: »Die Fische werden das Wasser wohl als letzte entdecken.«

Wer war gleich noch mal Albert Einstein?

Epilog im Ringier Jahresbericht 2013 (erschienen 2014)

Die Liebe ist der Raum, den wir öffnen
Über die Liebe, das Leben und den Tod

Jakob Augstein: Hat es Ihnen einmal leid getan, dass Sie keine Kinder haben?

Frank A. Meyer: Nein.

Warum nicht?

Ein besorgter Freund hat mich einmal gefragt: »Sagen Sie mal, möchten Sie denn nicht einen Sohn?« Und ich habe geantwortet: »Ich brauche keinen Sohn, solange ich mich selbst behandle wie meinen eigenen Sohn.« Das liefert Ihnen den Schlüssel. Ich bin mir mein eigener Sohn. Merkwürdig, oder?

Das müssen Sie auch nicht. Sie schreiben jede Woche eine Kolumne – das ist dasselbe wie die wöchentliche Sitzung beim Psychoanalytiker ...

... im Unterschied zu Ihnen schreibe ich lediglich eine Kolumne – Sie halten sich zum selben Zweck eine ganze Zeitung.

Sie behandeln sich wie Ihren eigenen Sohn?

Ja. Ich gehe freundlich mit mir um. Ich habe keinen Konflikt mit mir.

Mit Söhnen sollte man Konflikte haben. Und mit sich selber auch. Wie kommt man durch das Leben ohne Konflikt mit sich selbst?

Das weiß ich nicht. Vielleicht habe ich die Konflikte durch mein publizistisches und politisches Engagement zugeschüttet. Darunter ruhen sie dann, in Frieden.

Es gibt Leute, die sich, auch wenn sie älter werden, nicht verändern, die aber plötzlich ganz woanders stehen, weil sich die Gesellschaft um sie herum verändert hat. Passiert Ihnen das auch?

Nein. Ich verändere mich …

… Sie lernen hinzu? …

… ich lerne jeden Tag hinzu. Haben Sie zu Ende studiert?

Ja. Aber das Studium war sehr kurz.

Ich habe nicht studiert. Ich bin Autodidakt. Meine ganze Bildung habe ich mir selbst erarbeitet. »Erarbeitet« trifft es nicht ganz. Bilden war meine Lust. Ist es immer noch. Als Autodidakt ist man nie erlöst. Man nimmt ständig neues Wissen auf. Es ist wie Atmen. Ohne Atmen lebt man nicht. Die Verarbeitung dieses Wissens verändert mich. Ich bin neugierig auf Menschen: Was denkt diejenige, was derjenige? Warum denkt die so und der so? Was kann ich davon gebrauchen? Die Menschen sind nicht, wie sie sind, oder wie sie scheinen. Sie sind auch noch anders. Dieses Andere interessiert mich. Mich hat kein universitärer Abschluss, keine Doktorarbeit erlöst. So ist mein Leben. Aber den Autodidakten begleitet auch große Unsicherheit. Er hat immer wieder das Gefühl: »Ich genüge nicht.« Peter Glotz, mein innig verehrter Freund, hat einmal zu mir gesagt: »Auch einer, der studiert, bringt nur etwas hervor, wenn er sich als Autodidakt versteht.« Die Unsicherheit des Autodidakten ist der Antrieb.

Welche Rolle spielte früher die Religion bei Ihnen?

Nur als Frömmigkeit meiner Eltern. Im hohen Alter sagte mir meine Mutter einmal: »Ich bete jeden Abend für dich.« Ich fragte sie: »Glaubst du denn an ein Leben nach dem Tod?« Ihre Antwort war: »Nein, überhaupt nicht, aber Beten hilft trotzdem.« Als Kind habe ich gebetet: »Lieber Heiland, mach mich fromm, dass ich in den Himmel komm.« Dann habe ich den Menschen, die ich liebte, eine gute Nacht gewünscht, in einer hübschen »Gute Nacht-Hierarchie«: zuerst der Mutter, dann dem Vater, dann der Schwester. Diese kindliche Frömmigkeit hat sich bis heute erhalten. Ich bete, wenn ich glücklich bin. Aber ich würde nicht beten, wenn es mir schlecht geht. Gott ist nicht zuständig für meine Probleme. Dafür bin ich allein zuständig. Ich gehöre zur Generation, die intellektuell zwischen Jean-Paul Sartre und Albert Camus hin- und herpendelte. Ich habe mich allerdings recht früh, unter dem Einfluss eines Freundes, für Camus entschieden, obschon Sartre sicher der größere Denker war. Doch Camus war der größere Mensch. Voller offen zutage tretender Widersprüche. Deshalb ja ein großer Mensch.

Sie sind früher nicht viel in die Kirche gegangen.

Ich besuchte mit vierzehn in Biel die Mittwochspredigt, wo ich beim Beten den Kopf hoch hielt, den man ja sonst beugt. Ich wollte mich nicht vor Gott beugen. Unterwerfungsgesten liegen mir nicht.

Aber als Kolumnist sind Sie auch ein Prediger …

… ja, meine Sprache ist eindeutig protestantisch. Sie zielt darauf ab, den Leser zwingend für meine Gedanken zu gewinnen – das ist ja ein reizvoller Widerspruch: »zwingend gewinnen«.

Da gibt es auch ein Pathos in ihrer Sprache…

…ich benutze diese Form ganz bewusst. Aber auch das Gegenteil: die ganz zurückgenommene Sprache, lakonisch, Hauptsätze für eine beschleunigte Passage, sanfte Wendungen, wenn der Text weich wirken soll. Und den sarkastischen Erzählton, was ganz heikel ist, weil Sarkasmus und Ironie zwar leicht redend zu intonieren sind, nicht aber schreibend.

Es war kein Traumberuf von Ihnen, Priester zu werden?

Ich bin nicht einmal Mitglied der Kirche. Ich mag mich aber auch nicht über Glauben oder Nichtglauben ereifern. Ich bin kein bekennender Atheist. Für mich bleibt offen, was es jenseits des uns bekannten Lebens noch für Dimensionen gibt. Bestimmt gibt es Dimensionen, zu denen wir Menschen keinen Zugang haben. Von denen wir allenfalls über die Kunst eine Ahnung bekommen. Aber ich gehe dem nicht weiter nach. Ich bin letztlich ins Leben hier verliebt. Das genügt. Weiß Gott.

Sie sind offenbar genügsam.

Das ist kein Ausdruck von Genügsamkeit. Ich formuliere meinen Anspruch an das Leben: Weil ich mich mit dem Leben abfinde, möchte ich dieses Leben sehr bewusst und gemäß meinen Möglichkeiten gestalten. Sie haben diesen Anspruch doch auch. In einem Portrait über Sie werden Sie mit dem Satz zitiert: »Ich bin jetzt so, wie ich gedacht bin.«

Naja, vielleicht auf dem Weg dahin…

Was heißt das?

Dass wir die Aufgabe haben, das aus uns zu machen, was wir sein sollen. Ich glaube nicht, dass diese Aufgabe beliebig ist. Wir können sie uns nicht aussuchen und sie kommt auch nicht von ungefähr auf uns zu. Wir werden in einen Rahmen gestellt, den wir ausfüllen können, aber nicht müssen. Ob wir es tun, liegt nicht allein an uns. Ich glaube an eine Art Lebensprogramm, das man absolvieren kann, aber das ist ganz schön schwierig. Da gibt es im Lauf der Jahre viele Widerstände zu überwinden, und die meisten liegen bekanntlich in einem selbst. Am schwierigsten ist es, mit sich selbst klarzukommen. Peter Zadek nannte es kurz vor seinem Tod unfair, dass man lange Jahre braucht, um mit sich selbst und dem Leben zurechtzukommen, und sterben muss, wenn man es gerade gelernt hat. Ich empfinde die Entwicklung zu sich selbst hin, dass man der wird, der man sein soll, als das zentrale Lebensprojekt.

Glauben Sie an Ihre Artikel?

Das ist keine Kategorie, die ich an meine Artikel anlegen würde.

Halten Sie Ihre Artikel für nötig?

Nein.

Halten Sie Ihre Artikel für sich selbst für nötig?

Solange ich der bin, der ich im Augenblick bin – ja. Ich könnte mich mir aber auch ganz anders vorstellen. Dann wären diese Artikel nicht nötig.

Haben Sie eine Vorstellung davon, wer Sie sonst sein könnten?

Ja, Gärtner.

Wie stellt man denn fest, wer man sein soll?

Indem man sich in verschiedenen Rollen ausprobiert und spürt:
»Wie fühle ich mich jetzt? Wie geht es mir dabei? Was macht diese
Situation mit mir? Welchen Preis zahle ich dafür? Was tut mir das
an? Wie lange kann ich etwas aushalten?« Manchmal glaubt man
sich stärker, als man ist. Im besten Fall ist das Ich ein »work in
progress«. Ich würde mich als noch nicht fertig bezeichnen …

… ich bin auch nicht fertig …

… mein Ich steht allerdings nicht im Fokus meiner Aufmerksam-
keit. Ich kann über viele Dinge nachdenken, die mit mir selbst
überhaupt nichts zu tun haben.

Das könnte ein Schlüssel zum Verständnis Ihrer Persönlichkeit
sein. Denn mit der ökonomischen Basis Ihres Lebens hat Ihr
politisches Denken wenig zu tun.

Na ja, das Bewusstsein ist schon noch mehr als das Sein. James
Salter hat gesagt, dass nur geschriebene Dinge die Möglichkeit
haben, wirklich zu sein. Denken Sie manchmal über den Tod
nach?

Der Tod ist ein Skandal: die Kränkung an sich. Ich habe mich
gefragt, was das Tröstliche am Tod sein könnte, und ich kam
zu folgender Antwort: Ich weiß, dass die anderen Menschen
weiterleben; die Menschen, die ich liebe, die Menschen meiner nächsten Umgebung, beispielsweise Menschen, denen ich
begegne und die ich grüße, ohne mehr von ihnen zu wissen,
als dass sie da sind. Meine menschliche Umwelt lebt weiter, in
den Straßen, die mir vertraut sind, in den Häusern, in deren
Wohnungen ich hineinsehe, wenn am Abend die Fenster er-
leuchtet sind. All das wird noch da sein, wenn ich nicht mehr
bin. Das ist für mich der Trost.

Für mich ist das Tröstliche am Tod, dass es ihn überhaupt gibt. Ich glaube, das Leben wäre ohne den Tod unerträglich.

Der Mensch müsste den Tod erfinden, wenn es ihn nicht gäbe, und trotzdem ist der Tod die größte Kränkung, die dem Menschen zugefügt wird.

Bei einem gemeinsamen Spaziergang haben Sie einmal darüber sinniert, wie viele Sommer Sie noch erleben werden. Das ist eine fürchterliche Rechnung.

Sie sind eine Generation jünger als ich. Sie sind in einer Phase, in der das gefühlte Leben noch ewig dauert. Man könnte auch sagen: Es steht still. Es steht natürlich nie still, weil Sie ja unentwegt tätig sind. Aber Sie merken noch nicht, wie die Jahre vergehen. Erst wenn Sie in ein gewisses Alter kommen, fangen Sie zu rechnen an. Als ich fünfundsechzig wurde, habe ich angefangen nachzudenken, wie viel Lebenszeit mir bleibt. Jetzt, mit siebzig, habe ich vielleicht noch zehn gute Jahre. Mit achtzig sind die Tage des Menschen Gnade oder Ungnade, je nach seiner physischen und psychischen Verfassung. Von achtzig an zählt jeder Monat. Allerdings glaube ich, dass sich das gefühlte Alter um zehn Jahre verschoben hat: Wer heute sechzig ist, fühlt sich wie fünfzig, und ich mit siebzig fühle mich wie sechzig. Sie stoßen mich mit dem Thema Tod auf einen Lebenstraum: Ich wollte schon immer die Zeit anhalten. Mit zwölf habe ich zu meiner Mutter gesagt: »Die Feuerwehrautos und die Krankenautos sind jetzt schnell genug, um die Menschen zu retten. Also könnte doch jetzt alles bleiben, wie es ist.« Ein eigenartiger Kinderwunsch. Aber tatsächlich meine frühe Sehnsucht. Auch heute möchte ich das Leben anhalten. Es gelingt mir sogar: Wenn ich mit Lilith in unserem Haus in der Provence bin. Jeder Tag verläuft dann auf gleiche Weise, was die wunderbare Illusion weckt, die Zeit stehe still – drei Wochen werden zum unendlich langen Tag, wie die Ferien in der Kindheit.

Gibt es nicht auch Männer, die weise werden?

Die Frage passt wunderbar zu meinen kindlichen Bekenntnissen. Vielleicht gibt es das, weise Männer – und weise Frauen. Ich strebe Weisheit nicht an. Für mich klingt »weise« wie eine freundliche Umschreibung dafür, dass die geistige Wachheit verloren geht.

Sie haben gesagt, dass Sie über die Liebe sprechen wollen. Warum?

Wir sprechen über das Leben. Kann man über das Leben reden, ohne über die Liebe zu reden?

Das kann man schon.

Ich kann es nicht. Ich glaube, man kann es grundsätzlich nicht. Es gibt keinen großen Roman, keine große Erzählung, die vom Leben des Menschen handelt, aber nicht von der Liebe. Wirklich leben heißt: Man liebt und man scheitert im Lieben. Die Liebe birgt das Glück. Die Liebe, das ist der Raum, den wir dem geliebten Menschen öffnen: »Bitte tritt ein, ich liebe dich.« Die Liebe ist das Wunder, das sich in jedem Leben ereignet – hoffentlich. Ja, es ist die Hoffnung an sich.

Die Liebe, von der Sie sprechen – ist das eine Liebe für andere Menschen oder auch für Ideen oder Dinge?

Ich liebe keine Ideen. Ich liebe kein Vaterland. Ich liebe keine Dinge. Ich liebe nur Menschen.

Sind Sie ein Macho?

Aber sicher. Sie doch auch.

Ich habe Sie gefragt.

Ich bin ein Mann – also bin ich ein Macho. Glauben Sie etwa, meine Generation habe den Macho schon überwunden? Es wird lange dauern, bis sich unsere Erkenntnis, dass Männerherrschaft das Allerdümmste ist, auch genetisch umgesetzt hat. Das soll keine Entschuldigung sein. Wir sind ja dabei, unser Stammhirn mit dem Verstand zu steuern, jedenfalls wir zwei, hoffe ich. Aber einfach ist das nicht.

Fällt Ihnen das schwer?

Ihnen nicht?

Ich bin hier, um Sie zu befragen.

Immer wenn es persönlich wird, weichen Sie aus. Warum eigentlich?

Weil ich ein zurückhaltender Norddeutscher bin. Das liegt bei uns in der Kultur.

Und ich bin Süditaliener?

Sie kommen aus der Schweiz. Biel ist von Hamburg bestimmt 700 oder 800 Kilometer entfernt.

Es könnte auch einfach so sein, dass Sie in dieser Hinsicht scheu sind.

Ja, das bin ich auch.

Wie sehen Sie nun die Liebe?

Ich glaube, Liebe ist alles, was über einen selbst hinausgeht. Man fängt in dem Augenblick zu lieben an, in dem man sich selbst nicht mehr als Zentrum seiner Überlegungen begreift.

Liebe ist immer etwas, das nach draußen geht. Von drinnen nach draußen.

Das ist eine sehr schöne Formulierung. Die merke ich mir. Liebe ist letztlich ein Transzendieren. Da gibt es für mich auch eine religiöse Komponente.

Ja, so sehe ich das auch. Deshalb finde ich, dass das Christentum eine ganz große zivilisatorische Errungenschaft ist. Als Religion der Liebe hat es die Zivilisation unglaublich vorangebracht.

Es ist eine Religion, die den Menschen befreit.

Es ist eine sehr romantische Religion im Vergleich zum Beispiel zur Gesellschaftsreligion in der chinesischen Kultur, wo es mehr darum geht, wie die Leute gut miteinander zurechtkommen. In der Religion der Liebe geht es immer um das Verhältnis vom Ich zu Gott. In der chinesischen Kultur geht es immer um das Ich und die anderen. Der Christ muss Gott in sich selbst und in seinen Mitmenschen lieben. Die Idee, dass es ein Innen und ein Außen gibt, habe ich erst verstanden, als ich Kinder hatte. Vorher habe ich keinen Unterschied zwischen einer Innen- und einer Außenwelt gemacht.

Die Liebe ist das intime Hinausgehen des Menschen über sich selbst. Das Bürgersein ist das gesellschaftliche Hinausgehen des Menschen über sich selbst.

Dank

Die Gespräche wurden in der Dunhill Lounge Berlin, Unter den Linden 42, geführt. Wir danken Stefan von der Heiden von der British American Tobacco Industrie für die freundliche Überlassung.

Die Autoren

Frank A. Meyer ist Journalist und publizistischer Berater des Schweizer Medienunternehmens Ringier.

Frank A. Meyer ist Schweizer – aufgewachsen im zweisprachigen Biel-Bienne als Sohn eines Uhrmachers. Er absolvierte eine Lehre als Schriftsetzer. Von 1968 bis 1980 war er Partner im Büro Cortesi, einem in der Schweiz sehr bekannten Medienunternehmen.

In seiner Heimatstadt Biel gründete er 1972 die erfolgreiche Partei »Freie Bieler Bürger«. Er stand der Partei acht Jahre lang als Präsident vor und vertrat sie vier Jahre lang im Stadtparlament.

1972 wurde Frank A. Meyer Bundeshausredakteur der »Schweizer Illustrierten«. 1978 war er Mitbegründer der zweisprachigen Wochenzeitung »Biel-Bienne«. 1980 trat er als Co-Chefredakteur des Wochenmagazins »Die Woche« in das Medienhaus Ringier ein. Das Familienunternehmen hat seinen Hauptsitz in Zürich und ist international tätig. 1982 begann er seine Tätigkeit als Kolumnist des »Sonntagsblicks«. Bis zu seinem Wegzug nach Berlin galt Frank A. Meyer als einflussreichster politischer Journalist der Schweiz. 1985 wurde er Mitglied der Ringier-Konzernleitung und publizistischer Leiter des Verlages. 1989 berief ihn die Universität St. Gallen zum Lehrbeauftragten für Medienkultur. Frank A. Meyer ist seit 33 Jahren Gastgeber der vom Schweizer Fernsehen für 3sat produzierten Gesprächssendung »Vis-à-vis«. Mit seiner Kolumne in dem von Michael Ringier gegründeten Monatsmagazin »Cicero« kommentiert er seit 2004 die politische Szenerie der Berliner Republik. Seit 2007 trifft er sich mit Marc Walder, CEO der Ringier AG, wöchentlich »Auf einen Espresso«, zunächst im »Sonntagsblick«, heute in der »Schweizer Illustrierten«.

Frank A. Meyer ist Präsident der Hans Ringier Stiftung, verantwortlich für Bildung, Weiterbildung und die Journalistenschule des Verlages Ringier. 2014 wurde er für sein Gesamtwerk mit dem Zürcher Journalistenpreis ausgezeichnet.

Frank A. Meyer lebt mit seiner Ehefrau, der deutschen Kulturjournalistin Lilith Frey, in Berlin.

Jakob Augstein ist Verleger und Geschäftsführer der deutschen Wochenzeitung »Der Freitag«, Publizist und Buchautor.

1967 in Hamburg geboren, studierte er von 1989 bis 1993 Politik an der Freien Universität Berlin und am Institut d'études politiques de Paris. Er war zehn Jahre lang für die »Süddeutsche Zeitung« als Reporter in Berlin und den neuen Bundesländern unterwegs und arbeitete danach im Berliner Parlamentsbüro der Wochenzeitung »Die Zeit«. 2008 übernahm Jakob Augstein den »Freitag«. Seit 2011 ist er Kolumnist für »Spiegel Online«. 2013 erschien von ihm »Sabotage. Warum wir uns zwischen Demokratie und Kapitalismus entscheiden müssen«. Gemeinsam mit Nikolaus Blome, Mitglied der »Spiegel«-Chefredaktion, hat Jakob Augstein eine wöchentliche Gesprächssendung im TV-Sender Phoenix.

Jakob Augstein lebt mit seiner Familie in Berlin.

Daniele Ganser

Europa im Erdölrausch

Die Folgen einer gefährlichen Abhängigkeit

88 Millionen Fässer Erdöl werden weltweit täglich verbraucht. Das sind 44 Supertanker. Woher kommt das Öl? Wie hat es die europäische Geschichte in den letzten 150 Jahren beeinflusst? Und vor allem: Warum geht es uns jetzt aus?

Daniele Ganser, Peak-Oil-Experte und Friedensforscher, legt die erste Gesamtdarstellung zu Europas Erdöl-Abhängigkeit vor. Er schildert den Beginn der Erdölindustrie, das durch billige Energie angetriebene Wirtschaftswachstum, die Erdölkrisen der 1970er-Jahre und die Hintergründe des andauernden, blutigen Kampfs ums Erdöl bis hin zu den jüngsten Kriegen im Irak und in Libyen.

Absoluten Neuigkeitswert hat Gansers Nachweis, dass beim konventionellen Erdöl weltweit bereits 2005 das Fördermaximum erreicht wurde. Für heiße Diskussionen werden auch seine Szenarien zur energiepolitischen Zukunft sorgen: Spitzt sich der globale Kampf ums Erdöl zu? Gelingt den Europäern die Wende hin zu 100 Prozent erneuerbaren Energien?

416 Seiten, Broschur, ISBN 978-3-280-05474-1

orell füssli Verlag

Daniele Ganser

Nato-Geheimarmeen in Europa

Inszenierter Terror und verdeckte
Kriegsführung

Dieses Buch zeichnet ein erschreckendes Bild: Ein durch die
NATO und die militärischen Geheimdienste koordiniertes Netz-
werk von Geheimarmeen war bis zum Auseinanderfall der So-
wjetunion in mehreren westeuropäischen Ländern in schwere
Verbrechen verwickelt, darunter Mord, Folter, Staatsstreich und
Terror.

Daniele Ganser ist in seiner mehrjährigen Forschungsarbeit auf
brisante Dokumente gestoßen: Sie belegen, dass die von den
USA angeführte Militärallianz nach dem Zweiten Weltkrieg in
allen Ländern Westeuropas geheime Armeen aufgebaut hat,
welche von den Geheimdiensten CIA und MI6 trainiert wurden. Ihr Ziel: im Falle einer sowjetischen Invasion als Guerilla zu
kämpfen, um die besetzten Länder wieder zu befreien. Doch
dabei ist es nicht geblieben. Gezielt wurden Attentate gegen
die eigene Bevölkerung ausgeführt, um Unsicherheit zu erzeugen und den Ruf nach einem starken Staat zu unterstützen.
Sowohl die ursprüngliche Planung als auch die antikommunis-
tisch motivierten Verbrechen sind heute der Öffentlichkeit noch
weitgehend unbekannt.

446 Seiten, Broschur, ISBN 978-3-280-06106-0

orell füssli Verlag

Caspar Dohmen

Otto Moralverbraucher

Vom Sinn und Unsinn engagierten Konsumierens

Nach ethischen Kriterien einkaufen und die Wirtschaft damit gerechter oder grüner gestalten – für diese Idee begeistert sich bereits jeder Fünfte. In nur zwei Jahren stieg die Zahl derer, die nach ethischen Massstäben einkaufen wollen, um fast ein Drittel. Doch was können wir tatsächlich mit dem Einkaufswagen erreichen, ausser dass wir uns ein gutes Gewissen erkaufen?

Dieses Buch zieht die kritische Bilanz einer weltumspannenden Idee und zeigt: Der moralisch korrekte Konsum ist ein erster Schritt zu einer nachhaltigeren Wirtschaft, mehr jedoch leider nicht. Die entscheidenden Stellschrauben für ein besseres Wirtschaftssystem liegen woanders.

224 Seiten, Broschur, ISBN 978-3-280-05521-2

orell füssli Verlag

Matthias Deutschmann

Noch nicht reif und schon faul

Das Cello ist sein Erkennungszeichen und sein Name ist Programm. Deutschmann, das steht seit vielen Jahren für politische Unterhaltungskunst der besonderen Art. Deutschmann kombiniert Aktualität und Tiefe mit Musikalität, Witz und dem Mut zur Improvisation. Deutschmann ist bissig, kommt aber leicht daher.

Seit mehr als 30 Jahren bestimmt ein zentrales Thema seine Bühnenprogramme: Deutsche Politik und die Verarbeitung deutscher Geschichte in dieser Politik. Hält der Euro bis zur Eröffnung des Berliner Flughafens? Ist der freundliche Kundenberater bei meiner Bank auch eine Heuschrecke? – Kabarettistische Kabinettstückchen aus der bizarren Welt der Deutschen.

256 Seiten, gebunden mit Schutzumschlag,
ISBN 978-3-280-05529-8

orell füssli Verlag

Hagen Seidel

Schrei vor Glück

Zalando oder shoppen gehen war gestern

Traditionelle Versender wie Quelle und Neckermann verschwinden von der Bildfläche. Karstadt kämpft ums Überleben. Zalando aber gibt es inzwischen in vierzehn Ländern und wächst weiter. Wie schaffen die das?

Hagen Seidel hat Wissenschaftler, Chefs prominenter Handelskonzerne und Modehersteller gefragt, wie Zalando die größte Einkaufsrevolution der jüngsten Zeit herbeiführen konnte. Eindrücklich beschreibt der renommierte Wirtschaftsjournalist, warum der Online-Händler unser Konsumverhalten so massiv verändert. Das Buch ist die erste umfassende Darstellung einer unglaublichen Erfolgsgeschichte, in der erstmals auch die Gründer selbst beschreiben, wie sie aus einem unscheinbaren Startup-Unternehmen Europas größten Onlinehändler schmiedeten. Ein tiefer Blick hinter die Kulissen des Online-Stars aus Berlin!

256 Seiten, Hardcover mit Schutzumschlag,
ISBN 978-3-280-05516-8

orell füssli Verlag